香港文學小說卷

獵頭交易

寒柏 著

書名：獵頭交易
系列：香港文學系列・小説卷・財經類
作者：寒柏
主編：潘國森
責任編輯：寶貝兒

出版：心一堂有限公司
地址(門市)：香港九龍尖沙咀東麼地道六十三號好時中心LG六十一室
電話號碼：(852)6715-0840
網址：publish.sunyata.cc
電郵：sunyatabook@gmail.com
網上書店：http://book.sunyata.cc
網上論壇：http://bbs.sunyata.cc/

版次：二零一五年九月初版
平裝

港幣　一百三十八元
定價：人民幣　一百三十八元
新台幣　五百五十八元

國際書號　ISBN 978-988-8316-96-0

香港及海外發行：香港聯合書刊物流有限公司
香港新界大埔汀麗路36號中華商務印刷大廈3樓
電話號碼：(852)2150-2100
傳真號碼：(852)2407-3062
電郵：info@suplogistics.com.hk

台灣發行：秀威資訊科技股份有限公司
地址：台灣台北市內湖區瑞光路七十六巷六十五號一樓
電話號碼：(886)2796-3638
傳真號碼：(886)2796-1377
網絡書店：www.govbooks.com.tw
台灣經銷：易可數位行銷股份有限公司
地址：台灣新北市新店區寶橋路235巷6弄3號5樓
電話號碼：(886)8911-0825
傳真號碼：(886)8911-0801
網址：http://ecorebooks.pixnet.net/blog

中國大陸發行・零售：心一堂書店
深圳地址：中國深圳羅湖立新路六號東門博雅負一層零零八號
電話號碼：(86)0755-82224934
北京地址：中國北京東城區雍和宮大街四十號
心一堂官方淘寶：sunyatacc.taobao.com/

目錄

私人號碼
來電

突然聽到「鈴……鈴……鈴」的電話鈴聲，周偉傑感到手中的電話在震動，一顆心立時像跳了出來一樣，拿起一看，這個電話並沒有「來電顯示」。

一、求職

現在是二零一三年一月四日，星期五的早上，大約十一時左右。於香港中環置地廣場裡地面大堂的一個圓形噴水池之旁，有一名頗為高大健碩的青年，正急步往「中環地鐵站」方向走去。穿得西裝筆挺，英氣十足。這青年名叫周偉傑，今年不過三十歲，談不上英俊，但一身古銅色皮膚，滿臉笑容，亦頗為討人歡喜。他的心情甚為愉快，步伐越走越急，穿過各大名牌店鋪之間擠滿了遊客的通道，踏上扶手電梯，轉眼便已走到位於廣場地庫裡的「地鐵站」。

「我終於成功了！」原來他剛好完成了一個面試，更對自己的表現亦十分滿意。這次面試，其實已是整個招聘過程的最後一關，可算是「最終面試」。

在這個「最終面試」之前的一個星期左右，獵頭顧問張小姐曾致電給他，千叮萬囑的要他作好準備，更言明獲聘的機會不少。張小姐透露，專程由歐洲總部過來的大老闆，將會與三個應徵者見面，雖然競爭激烈，但只要做足準備，贏面應該甚大，更悉心指點他一些面試的竅門，還告訴了他有關公司的動向及大老闆的喜好等等。

那時候，周偉傑心下暗笑：「據我所知，大老闆經常穿梭歐洲各國，但很少會來亞洲區。來到香港的行程應該會很緊密，又怎會有空面見三位應徵者？一般來說，已過了一關又一關的面試，最終應該由直屬上司篤定人選，與大老闆見面，不過是一場儀式罷了。只要表現四平八穩，不要得罪他，九成會獲得聘用。直屬上司若不是心裡有數，又怎會把人選推薦給大老闆？難道本身已獨當一面的他，還要大老闆花時間替他『揀卒』？所以一般來說，大老闆只會見一個人，就是有時間，最多也只會見兩個。另外一個，當是作後備之用罷了。我獲得聘用的機會應該很大才對，若非如此，獵頭顧問又怎會願意花時間在我身上？『三選一』的說法，不過是張小姐的把戲。目的是要我感到有潛在的威脅，在稍後的議價環節之上，不要漫天討價的浪費時間。

果然，當時張小姐在電話裡，早已急不及待的嘗試與他討價還價，洽談薪酬等細節。

「容後再談罷！我希望可以先準備好面試，成功獲聘後才作考慮。」周偉傑給她逼了好幾遍，也是翻來覆去的這一句話。因為他明白，議價之事，他並不怎麼擅長，大概只知道不能這麼早便給人家知道自己的『底線』。他從來不貪心，但也明白遊戲規則。在當今世道裡，升職加薪的機會，多半是在轉工作之時才會發生。一般來說，大部份公司都不會栽培員工。公司為免麻煩，大都會傾向先在外面聘請，若沒有合適的人選，才會考慮提拔公司裡的人。以加薪的幅度來說，最多也只會與通脹率差不多。逗留在一間公司太久，薪金的購買力，甚至乎可能會下降。他現正於一間華資銀行裡當客戶經理，已有五年之久。所以，眼前這個職位空缺，確是一個獲得「真正加薪」的黃金機會，應對這類問題的時候，便變得份外小心。

「很多應徵者都是因為喊價喊得太狠，不少更指明要加薪百分之三十至四十！這樣過份，人家又怎會同意？最終還不是錯失了大好良機？價錢叫得太高，老闆會覺得你貪得無厭，對你的印象分也會大減。而且，公司有制度，根本不容許你太過份。還不如這樣，我們在百分之二十的水平上下去想想罷。」那時候，張小姐語氣囂張，亦甚具威嚴，聽周偉傑不肯「開價」，已急不及待地拋出這個「加幅百分之二十」的建議。她工作效率極高，凡事都要快人一步，而且從來就是這般快人快語，似乎不願意浪費半點時間。她在周偉傑進行「最終面試」之前，已開始洽談薪金這一個環節，逼他早日作出決定。

可是，周偉傑仍是不置可否，她見威逼不成，語氣又漸漸變得柔和起來：「偉傑，你放心罷！你的薪金調高了，我的佣金也會相應增加，大家是『同坐一條船』的。難道我會不想給你爭取到一個好價錢麼？讓我替你想法子要一個合理的價錢罷！我其實剛與公司的人事部溝通過，已先行替你『摸底』。我相信這百分之二十的水平已算是十分合理。」語氣雖是客氣了一點，但還是釘著這百分之二十的水平不放，似乎非要周偉傑即時表態不可。

「嗯！這也是合理的。但容後再談罷！」給人家逼得緊了，周偉傑最終只有這樣的回應。

其實周偉傑也認為這個水平合理。這間公司有的是錢，薪金多少不會是問題。但在商言商，一切也要以市場合理價格作為依歸。此外，轉換工作的薪金加幅，亦有一定的「潛規則」需要遵從。除非是十分特殊的情況，一般而言，應徵者都會希望得到最少百分之十五或以上的升幅。這幾年間，政府公佈的通脹率，大概在百分之四至五左右，大部份公司的每年平均薪金調整，也是在這個水平上下。此外，轉換工作有一定的風險，除非應徵者對現職的工作忍無可忍，否則大都不會接受百分之十或以下的升幅。他反覆思量過，以這一份工作來說，「著墨點」在百分之十五至二十之間亦算合理。他清楚知道，在討價還價的過程之中，這個「正面訊息」是應該告知對方的。他當客戶經理的時候，早已明白到這些「江湖規矩」。縱使不願與對方在這一個階段洽談細節，也得要暗示這個水平是可以考慮的。因為在商業世界裡，時間就是金錢，若不給予對方一點「正面訊息」，對方未必會花時間作下一步的部署。若賣方索價十萬，而買家只願意出一萬的話，差距太大，一般經紀絕不會浪費時間在這些生意之上。張小姐在那時測試一下周偉傑的想法，其實也是無可厚非。周偉傑給人家咄咄相逼，只得拋出一句「這也是合理的」的說話來。當然，他雅不願在那時候多談，所以還是補充了一句「容後再談」，凡事留有餘地。

這次「最終面試」十分順利，與大老闆會面時的氣氛甚好，亦沒有什麼刁難周偉傑的問題，只與他談及不少生活瑣事，在歐洲諸國的趣聞及多年以來的工作心得等等。大老闆是法國人，雖已年逾五十，但對周遭的事情仍似是十分好奇，且態度友善，說話時滿臉笑容，與傳統華人老闆，素以長輩自居的作風大異，周偉傑對他亦頗生好感。只是大老闆十分忙碌，難得來到香港，行程早已排得極為緊密，只談了若二十分鐘便結束了這次面試。

「終於可以轉換行業了！」周偉傑離開這間公司後，懷著輕鬆愉快的心情走入「地鐵車廂」。

原來他現正於一間華資銀行的企業融資部門裡當客戶經理。這間華資銀行歷史悠久，只專注傳統銀行的業務，由創辦人成立至今，已傳了四代，規模不大，但勝在公司的文化較為傳統，甚少裁員，每年派發的花紅亦很穩定。他畢業後，在「四大」核數師樓工作了兩、三年，便轉投這間銀行。可是，這裡晉升的空間十分有限，留守在這裡，很難會有什麼作為。此外，他亦驚覺傳統銀行業務正走下坡，所以漸漸萌生轉投另外一個行業的念頭。

一個月前，他忽然收到張小姐的來電，得知一間歐資私募基金的投資分析部有職位空缺。所謂的私募基金，是指一些只私下向少數極富有的投資者募集資金的投資機構。因此類公司只向特定的投資者交代，不用面對公眾，受到的監管較少，與傳統金融機構的作風不盡相同。他知道這間私募基金作風低調，雖是名不經傳，但坐擁豐厚的資產。現時歐洲經濟低迷，銀行更時常爆發裁員潮。可是，這間私募基金不僅沒有受到金融海嘯的沖擊，還可乘勢招兵買馬。投資分析部已有五名員工，這是一個新增的職位。其實歐資私募基金增聘人手，多半會先考慮在歐美金融機構裡找人，甚少會從華資背景的機構入手。此外，他是客戶經理，又不是財務分析員，兩者雖同屬金融業，但負責的範疇不同，「行內人」並不會把之歸納為同一類別，更會把傳統銀行及私募基金，當為兩個不同的行業。由客戶經理轉職至分析員的例子不是沒有，但並不常見。因此，周偉傑的機會本是不大的。可是，在張小姐的穿針引線之下，竟然收到對方面試的通知。他一心想轉換行業，深知這是一個千載難逢的機會，所以面試之前做足準備，過五關、斬六將，最終來到最後一關。由於在先一輪的面試裡，周偉傑曾與直屬上司會面，二人言談甚歡，早已清晰獲得對方的「正面訊息」。這次得到「最終面試」的機會，實已贏了九成。

不經不覺之間，周偉傑從車廂裡看到月台，見到眼前一片綠色，便知「地鐵」已駛至「炮台山站」。「地鐵」打開門後，他急步走了出去。原來他仍與家人同住在鄰近「炮台山站」的「城市花園」裡，他每天都是乘「地鐵」往返公司。這一天，他隆重其事，特地向公司請了一日有薪假期。面試後便先行回家休息。

回到家裡，空無一人，父母都不在。

家裡的傢俬及擺設十分簡約，雜物亦不多，以白色為主。這個住宅單位約八百餘平方呎，共有三個房間，在香港來說，居住環境已算不俗。他父母於八十年代初已買了這個單位，銀行戶口裡亦有一點閒錢，談不上富有，是香港典型的小康之家。二人剛退休不久，每天一早都會與鄰居一起外出，至傍晚時分才回家。

周偉傑脫去身上的西裝，換上一件普通的便服，坐在「梳化」之上，嘴角含笑，滿心歡喜，忽一會兒，又想：「或許過多一年左右，便可以買房子，正式向嘉儀求婚了！」嘉儀是他的女朋友，倆口子拍拖多年，感情穩定，本打算購買房子後，立即結婚。可是，由於香港的樓價本來已很貴，他們勉強的儲蓄了一筆「首期」，卻遇上了美國施行的「量化寬鬆」政策，樓價於這幾年間「暴升」。他們千辛萬苦省下來的錢，頓變得不夠用。若要購買房子的話，便沒有錢舉行一個較像樣的婚禮。因此，他們只有約定，把計劃推遲兩年。在這段期間，他們一方面繼續儲蓄多一點錢；另一方面，二人都會嘗試找尋新工作，希望薪金得到一個合理的升幅，為組織新家庭，作好準備。

他想起嘉儀，臉上即露出溫柔的微笑，正欲打一個電話給她報喜。

忽然之間，聽到手提電話的鈴聲響起，卻無「來電顯示」。周偉傑一看，便知這是獵頭顧問張小姐的來電。他一直也不甚明白，為何獵頭顧問的電話，並沒有「來電顯示」。印象之中，除了她第一次打來的電話有「來電顯示」之外，之後的電話都再沒有顯示。難道獵頭顧問除了於第一次的交談之外，連電話號碼的紀錄也不想顯露給人家看嗎？無論如何，他很想找到新工作，所以只要電話一響起，也會急不及待的接聽。這幾個星期之內，差不多全部沒有「來電顯示」的電話，都是屬於張小姐的。

「喂！妳好！張小姐？」周偉傑的語氣甚是客氣，但卻遮掩不住心裡的興奮。

「一切順利？」語氣甚是冷峻。作為獵頭顧問的張小姐，無時無刻都帶著一股威嚴。

「應該是可以的。但大老闆很忙，只談了二十分鐘左右。」一直以來，周偉傑都會把面試的來容、氣氛及時間多久等細節告知獵頭顧問，認為這是與經紀保持良好溝通的一個責任。這次「最終面試」並無甚麼內容可言，對方只要求他再介紹自己，然後就是談一些不著邊際的瑣事，氣氛雖然甚好，但時間卻略嫌短了一點。

果然，張小姐亦感奇怪：「二十分鐘？這麼短的時間！」

「會面的氣氛不錯，只是大老闆好像真的很忙。」周偉傑作出這樣的補充。

張小姐不置可否，似乎對面試的時間長短和內容不甚關心，正式的問：「偉傑，你認為這份工作怎麼樣？你會考慮這個機會嗎？」

「我認為是可以考慮的。」周偉傑盡力掩飾興奮的心情，只說「可以考慮」，並非存心裝模作樣。他知道經過這幾回面試，最大的難關已過，公司應該願意聘請他，剩下來的就是薪金問題。既然已到了議價之時，若在張小姐面前表現得太高興，或對這份工作太過感興趣的話，反而會弄巧反拙。商業世界裡，但凡好的東西，都須以更大的代價來交換。若對方知道你對這個機會如此重視，在討價還價的時候，便會毫不客氣的向你「壓價」，絕對不會手下留情。既然你認為這是一個千載難逢的機會，也得要付上一點代價，拿出更多誠意來交換罷？

他再補充：「這份工作，與我現在負責的職務，性質十分近似，都是以財務報表分析為主。我覺得是一份可以勝任的工作。」

那間歐資私募基金現在招聘的是財務分析員，與他現職的客戶經理，本是屬於兩個不同範疇。但原來客戶經理雖然是負責找生意，但企業融資往往存在風險，所以每宗借貸融資，他們都要為客人撰寫報告、作出財務分析及風險評估等等，寫好了「貸款申請書」，再拿去信貸部審批。由於周偉傑現職的這間華資銀行十分保守，相比一般行家來說，更重視財務分析及風險評估，相關的報告之種類及數量，可謂五花八門，遠遠超過其他同行。他於平日有至少六、七成的工作時間，是在做財務分析的工作。因此，新雇主知他雖是客戶經理，但已具備財務分析的經驗，加上又有會計師的執業資格，才會給予他這個機會。

於這一刻，他再次強調自身的經驗絕對與新工作有關，其實是暗示獵頭顧問不要以「你沒有相關的工作經驗」這一句他們經常掛在口邊的說話來「壓價」。他常常覺得這句話十分荒謬。若自己真的沒有相關經驗，人家又怎會聘用？若對方認為自己不能勝任的話，又怎會花錢、花時間在他身上？難道真的請他回公司學習嗎？他把這句說話先行說了出來，就是要張小姐不要用這些幼稚可笑的說話來敷衍他。

「那麼你們有沒有討論有關薪金的事情？」張小姐並沒有理會他的「話中有話」，只顧著問她想知的事情，語氣中帶點不耐煩。

這個問題，似乎是有點奇怪，因為薪金調整的事情，是很少會由大老闆親自去問的。若不是公司的人事部門負責，便是交由獵頭顧問去處理。直屬上司或許亦會在面試時單刀直入，但大都不會在那一個階段討價還價。張小姐從事獵頭顧問多年，經驗非淺，而且一直都知道他們在早前的面試裡，都不曾討論過有關薪金的問題。既然連人事部門及直屬上司也不曾開口，大老闆又怎會花時間和他討論起來？

周偉傑心裡暗笑：「這麼尷尬的事情，還是留給妳去處理罷！難道我會當著大老闆面前『開天殺價』嗎？這正是我們需要獵頭顧問的意義嘛！」他雖然肚裡暗笑，但還是以十分認真的語氣去答她：「並沒有討論過。」

「有討論過他們希望你何時上班的事宜嗎？」似乎張小姐也發覺剛才的語氣不佳，所以現在又忽然客氣了幾分。

「大老闆還未談到這個細節。」周偉傑作出十分簡短的回覆。

張小姐忽然開懷大笑起來：「嗯！是的。大老闆這麼忙碌，又怎會談及這些事？」笑聲忽止，正色的說：「偉傑！我估計對方應該是很有誠意聘請你的。而且較早之前，我曾和人事部談過，他們急於增聘人手，希望你越早上班越好。你應該沒有問題罷？」

周偉傑聽到對方之言，心跳加速，實是大喜若狂，暗想多個星期以來的努力終於成功，深呼吸一下，才說：「當然可以。只是我和現在雇主的合約裡言明，若要辭職的話，需要有兩個月的通知期。如果我要立刻走，便要賠償兩個月的『通知金』。而且，還有一個月左右，便是農曆新年了。公司在農曆新年假期之前，便會發放額外花紅。提早一點走不是問題，只是……」其實在初次見面之時，他早已把這個情況告知張小姐，仍生怕對方忘記，還寄了一封電郵給她，把自己的薪金、額外花紅的情況，及若立刻辭職的話，所須的『通知金』等等，都一一列明在電郵之上。

「若這間私募基金聘請你，當然會補償你的損失，你若提早解約，舊公司需要你賠償合共兩個月的『通知金』，當然是由新雇主那邊負責！人家要你早點上班，一定會補償你所有的損失。你又何必太擔心？」張小姐似乎已對當中的細節說得清楚明白。她的語氣又漸漸急起來，已不再在「通知金」這一個題目上糾纏：「你是希望有百分之二十的薪金調整嗎？」她似乎不大喜歡周偉傑嚕嚕嗦嗦，更急不及待的開始討論薪金的事宜，二話不說的便拋出她早前說過的建議水平。

周偉傑心裡暗罵：「這百分之二十是妳說的，我可從來沒應承過。」一轉念：「唉！還是算了罷。張小姐說得對，人家公司有制度、有規矩，又怎會容我漫天討價？其實百分之二十也算是合理的，加上新雇主又希望我盡快上班，還不如老老實實的接受這個建議罷。」

他正欲回答，張小姐已搶著說：「按你的月薪計算，百分之二十的升幅大概是……」

「稍等一下！」周偉傑忽然大聲的說。

他心裡一寒，過了一會兒，才問：「我們較早前不是已經談好嗎？我們是按年薪計算升幅的。我每年在現職的公司所獲得的額外花紅，合共是五個月左右，多年以來，都十分穩定，但我記得妳說過，新公司的額外花紅，就只有兩個月左右……」

原來他現職的這間華資銀行，其薪酬機制之特點，是「低月薪、高花紅」。他今年才三十歲，每月的薪金是港幣三萬元，在同行裡，與相同資歷的人相比是偏低的。可是，他每年獲發的額外花紅合共有五個月左右，在一般華資銀行裡，可謂絕無僅有。雖然額外花紅並不是一定會有，多少也由公司來決定，但這間華資銀行卻十分穩定，五年以來的花紅從不間斷，數額亦沒有減少過。若把這五個月的額外花紅一併計算在內的話，他平均每月的薪金則是四萬二千五百元，才與年資相近的同行看齊。

可是，凡事有好的一面，亦有壞的一面。由於這間華資銀行的額外花紅比同行偏高，所以每月的薪金便相對較低。此外，銀行希望以額外花紅留住員工，不想他們在獲發花紅後一起辭職，所以不肯把五個月的花紅分一次過派發，更把它分為三期。每年的五月及十一月各派一個半月，最後在農曆新年前派發兩個月。

周偉傑早在與張小姐的第一次會面，便已說得清楚明白。一來，他現在雇主的做法是「低月薪、高花紅」。據張小姐透露，新雇主的制度則是「高月薪、低花紅」。所以對自己最為有利的方法，當然是以年薪去計算薪酬調整。其實傳統以來，銀行業及其他財務機構都十分重視額外花紅。因此，以年薪去計算，也是很普遍的。當然，由於花紅與薪金不同，公司可酌情派發，不少銀行在生意不景氣之時，便取消了該年度的花紅。因此，也有一些雇主，便以花紅數額並不穩定為由，只以月薪來洽談薪酬調整。總括來說，市場上以月薪或年薪去討價還價的人都有，但兩者之間如何選擇，則視乎個別情況而定。

張小姐打斷了他的說話：「你是在浪費大家的時間！這間歐資私募基金向來是以月薪去洽談的。這是它的制度！」

周偉傑焦急起來：「可是，我早前也說過了……」

「偉傑，你聽我說，這間公司從不會把額外花紅一併計算在內的。這是人家的制度。就是你這邊有五個月的額外花紅，就算花紅是一年分三次派發，就是過去這麼多年以來，你的花紅金額是如何穩定。花紅畢竟不是薪金，公司始終有酌情權去處理！」張小姐大聲的反駁，直如對他破口大罵一樣。其實她對周偉傑的情況十分了解，所以在他還未說清自己的論點之前，已先行把它們一一駁斥，教對方「體無完膚」，不知如何應對。

她乾笑數聲，語氣又趨柔和起來：「其實你認真想想罷，我看得出，你是十分希望得到這一份工作的。你現在不過是於一間普普通通的華資銀行裡當客戶經理，可是，人家是行內有名的歐資私募基金，這個職位空缺更是財務分析員！這是多麼讓人羨慕的工作呢！人家早已說過了，其實你沒有於私募基金工作過，更不曾當過財務分析員，雖然你是會計師，曾於『四大核數師樓』工作過，當客戶經理這幾年，也要為客人作出財務分析，但是，你真的從來沒有在私募基金裡工作！你有沒有？你確實是沒有相關的工作經驗呢！新雇主認為你有潛質，所以才願意給予你這個機會。三萬元再加上百分之二十的升幅，就是三萬六千元了。一般來說，他們若非聘用同行，就只會請畢業生，絕不會請一個『半途出家』的客戶經理。你已三十歲了，轉換行業當然要付出成本！其實相比新雇主給予一般畢業生的薪金，三萬六千元已是高得多了。」

周偉傑聽到「你確實是沒有相關的工作經驗」這句話之時，胸口如受重擊，心下苦笑：「我最討厭的，就是聽到這一句話。我甚至曾發誓，以後找新工作之時，不要再給人家以這一個理由來『壓價』。可是，張小姐還是講了出來，且說得頭頭是道。」

「其實三萬六千元，已是一個很不錯的水平，百分之二十亦是一個十分合理的升幅。你現在有的額外花紅雖然不算少，但月薪偏低，何不先接受這個機會，把花紅化為月薪，將來再作打算？月薪提高了，將來再想轉工作的話，在討價還價之時，便不會弄至這般狼狽了。況且，人家也不是沒有額外花紅。你勤力一點，或許花紅會多一點也未何知呢！此外，在私募基金這一個行業來說，三萬六千元仍算是偏低的，將來就是再找新工作也好，要求雇主加薪也罷，也不會有什麼難度。你何不先接受這個條件，入行之後，再作打算？」她似乎說得很有道理，而且顯得處處為周偉傑著想。

周偉傑的心立時涼了半截，正如給人家以一盤冷水從頭到腳的潑過來一樣，因為三萬六千元這個水平絕不吸引。在電話裡，他變得沉默起來，悄悄的拿起計算機，以三萬元的月薪計算，再加上五個月的花紅，現在的年薪是五十一萬元。如果私募基金給予的月薪是三萬六千元，加上兩個月的花紅，則只有五十萬零四千元。表面上月薪是提高了，但年薪卻是不升反跌。唯一的好處，就是公司的確有酌情權去處理花紅，這與有保證的薪金畢竟不大相同。他心中越來越慌亂，忽想到大學時代，在財務課堂上聽過的一句十分流行的西方諺語：「手中有一隻雀鳥，勝過樹上有兩隻。」此外，他確實十分希望可以轉換行業，因為只要在這間私募基金裡工作兩、三年，便可轉投其他同行了。他清楚知道私募基金給予員工的薪酬，都比傳統銀行優勝。而且傳統銀行確是「夕陽行業」，晉升的機會十分有限，所以對他來說，這份工作，確是一個千載難逢的機會。可是，他正努力儲錢籌備婚禮及購買新房子，著實很難接受這個「明加暗減」的建議。

在電話裡沉靜了一段時間，張小姐反覆的質問周偉傑，他仍是支吾以對。

「無論如何，也得要讓我正式致電給對方，問清楚人家有沒有興趣聘用你才作打算罷。」張小姐見他現在似乎難以作取捨，便提出這樣的一個建議。

周偉傑顫聲的說：「好的！謝謝妳！」

張小姐又問：「那麼，人家要你提早離職，沒有問題嗎？」

「當然沒問題，只要私募基金那邊願意補償我的所有損失就是了。可是，張小姐，這薪金方面，無論如何，我真的希望可以用年薪作為考慮！以月薪百分之二十的升幅來說，其實以每年計算的話，反而比現在還要差。這實在很難讓人接受，希望妳多多幫忙。」周偉傑的語氣，已帶有近乎哀求的成份。

「我先致電給私募基金的人事部再說罷！」張小姐始終沒有應承他什麼，便已掛了線。

周偉傑聽完這個電話後，只覺腦海裡一片空白，心情更是七上八落。他抱膝呆坐於梳化裡，過了差不多一個小時，他才驚覺自己的肚子餓了。原來他在今天面試之前，並沒有用過早膳，回到家後又不曾吃過任何東西。他感到肚子空空如也，實是「鼓聲不止」，便立即穿上了球鞋，走出家門，到附近的一間名叫「香港茶餐廳」的食店裡，獨個兒的坐了下來。

這間「香港茶餐廳」位於「和富道」。由於地方整潔，價廉物美，開業才不過兩年，已頗受顧客歡迎。餐廳裡一片深啡色，椅子和桌子都是傳統木製的，天花板上還吊了四個扇頁外露的舊式電風扇，裝修懷舊，甚有六、七十年代的風味。現在約十二時半左右，餐廳內有不少中學生。原來茶餐廳的斜對面有一間中學，學生多在校外用膳，三五成群的走入來，至少佔了半間茶餐廳的座位。他們一邊吃，一邊聊天，有的更不時大笑，十分嘈吵。

周偉傑最愛在茶餐廳裡用膳，本來想成事之後，來這兒大吃一頓，但現在情況有變，心情更是忐忑不安，只隨便點了一個「常餐」，拿起餐具，一邊吃，一邊仍是盯著放在桌上的手提電話，期望早點收到張小姐的回覆。

「希望張小姐可以爭取到以年薪來計算那百分之二十的薪酬調整罷！以月薪來計算，實是『明加暗減』！我又怎能接受這種苛刻的條件！」他越想越是不忿：「明明工作性質頗為相近，都以分析財務報表和撰寫報告為重，為什麼當人家的經驗不相關？我已工作八年了，難道竟淪落至此，要和畢業生競爭嗎？」想起張小姐竟以畢業生和自己相比，實在感到十分氣餒。

一會兒，他又覺得：「但這始終是一個難得的轉換行業之機會！若然放棄了，實在不知要再等到何年何月？找相同行業的工作不難，要轉投新行業卻並不容易。而且私募基金有的是錢，只要有好的表現，向老闆證明自己的能力，再坦誠的要求加薪也行。就是他們不肯，在這一行捱兩、三年之後，要轉換工作還不容易？私募基金大都是出手闊綽的，等到那時，大可向新雇主『開天殺價』也不遲！」

「唉！向新雇主『開天殺價』？連眼前這間公司也應付不了，我將來真的可以成功嗎？現在先吃一點小虧，將來總會有得著？」多年以來，一直有不少老闆或前輩在不同的情況之下勸他：「年青人要好好學習，千萬不要怕辛苦。現在吃一點虧也不怕，將來總會是有回報的。」可是，他的經驗可以清楚告訴他，所謂「戰場無父子」，職場上的人只會替自己籌謀盤算，又怎會真心栽培後輩？前輩建議後輩不要怕辛苦，是因為前輩想把自己的工作及責任推卸給後輩，他們擔心後輩怕辛苦而不肯接受，所以編出「好好學習、千萬不要怕辛苦」等冠冕堂皇的理由來說服後輩。「現在吃一點虧」的結果，絕不會是「將來總會有回報」，而是「永遠的吃虧」。所以，他始終相信「好漢不吃眼前虧」這個至理。

他忽然又覺得：「傳統銀行業正走下坡，那麼私募基金行業呢？」雖然曾做過不少資料搜集，知道基金公司裡的財務分析員薪金甚高，理應勝過一個傳統銀行的客戶經理，但現在對方竟開出這樣的一個條件，讓他開始質疑自己原來的想法。

「唉！若不轉行業，繼續當一個客戶經理嗎？」其實他在這幾個月以來，都一直在苦思這個問題：「傳統華資銀行當中，我現在的雇主已算是最慷慨了。要轉投其他華資銀行嗎？他們最愛『老行尊』，看不起年輕人，只會嫌我資歷尚淺，不見得會給予很好的條件。而且，傳統華資銀行『買少見少』，大都給人家收購了。所謂『一朝天子一朝臣』，不少在這些銀行工作了近半世的人，亦因此而失掉了飯碗。」他越想越是擔心：「由去年開始，已有消息在市場流傳，說大股東有意把銀行的股權售予某些中資機構或投資者，銀行的股價更因而創下歷史新高。若然成事，這處必然會經歷一場『大地震』！」

他越想越是心酸，在行業走下坡後才入行，實算是生不逢時：「前輩們在經濟起飛、百業興旺的情況下入行，誤打誤撞的來到這間華資銀行，安安穩穩的過日子，一做便是幾十年。唉！我們這些年青人，在經濟泡沫爆破後才畢業，一畢業，就面臨失業，好容易的找到一份工作，可是沒有一份工作是安穩的！」千頭萬緒，已開始越扯越遠。

他在不知不覺之間，已把整個「常餐」吃完，但當然是「食之無味」。他喝了一口「港式熱奶茶」，便把玩放在桌上的手提電話。他先看看電子郵件箱，再看了一會兒「面書」、股票行情及幾份報章等等。他雖不停的以手指輕按著手提電話的屏幕，但也不知道自己在看甚麼，一心只希望張小姐盡快回覆，思緒一片混亂，也不知過了多少時候。

「若不能轉換行業，就只有到其他外資銀行裡，繼續當客戶經理了。但那兒的競爭異常激烈，我能否勝任？」他清楚知道其他外資銀行的薪酬比傳統華資銀行優勝，額外花紅更是以多勞多得的精神派發。在經濟繁榮的時候，甚至乎有企業融資部的客戶經理拿到了相等一年薪金的花紅。可是，外資銀行的薪酬機制與銷售掛勾，一來，銷售目標是「天文數字」，且逐年以「幾何級數」上升，二來，只要市場上有什麼風吹草動，外資銀行都會毫不留情的裁員。傳統以來，「被裁」的部門，大都是以後勤部門為主。可是，時移世易，在金融海嘯之後，銀行借貸的態度謹慎，不願做生意，前線員工便變得首當其衝，更多次爆發裁員潮。其他部門卻因監管機構的條例越來越複雜和嚴格，反而需要增聘人手。

他反覆思量，只覺得在外資銀行裡當客戶經理的風險實是太高。

他漸漸又開始自怨自艾：「唉！從前當客戶經理可謂『天之驕子』，現在卻是『過街老鼠』！」翻來覆去的想，仍覺得當客戶經理的前途暗淡，還是應該及早轉投新行業為妙。

忽然之間，周偉傑驚覺手提電話在震動，原來剛好收到一個短訊。

他即時覺得手心發熱，便焦急起來：「難道是張小姐？」原來張小姐除了致電給他之外，也曾以電郵及短訊與他溝通。他按了一下電話屏幕，見到發放短訊的人是女友嘉儀，微感失望；隨即又泛起一陣歉意：「唉！我本來曾向她承諾，要第一時間把好消息告訴她的。現在卻把這事拋諸腦後。若我得不到這份工作，又如何實現我們的結婚大計呢？」

「一切順利？」嘉儀在短訊裡簡單的問。

周偉傑回覆短訊：「面試十分順利，但討價還價的過程有一點阻滯！」還不想把詳情告知對方，害怕她替自己擔心而影響了工作，所以只輕描淡寫的說了一句。他心裡忐忑不安、患得患失的心情，更不敢向對方細訴。

「這麼快便開始討價還價？祝你好運！」嘉儀還在短訊的結尾，加上一個笑臉，是她十分喜歡用的「表情符號」。

周偉傑嘆了一口氣，亦以一個笑臉來回覆。

「我今晚要加班，明天再談罷！啊！是的，我剛好收到一個獵頭顧問的電話，他手上有一個職位空缺，我還未想清楚應否一試，打算星期一才答覆他，明天再談罷！」嘉儀於一間美資銀行的法規部門工作，亦已開始與不少獵頭顧問聯絡，希望及早找到新工作。一直以來，二人若得知有面試機會，都會先與對方商量，一起想清楚之後，才作決定。

周偉傑回覆：「好！明天見！祝妳好運！」放下手中的電話，抬起頭來，才發覺茶餐廳裡的中學生早已散去，只剩下幾名老人家與家庭主婦。原來現正是下午兩時，早已過了學校的午膳時間。茶餐廳之內，又回覆了寧靜，更帶有一片散漫的氣氛。

「唉！還是先回家罷！」他拿起單據，正準備到「收銀處」結賬。

突然聽到「鈴……鈴……鈴」的電話鈴聲，周偉傑感到手中的電話在震動，一顆心立時像跳了出來一樣，拿起一看，這個電話並沒有「來電顯示」。

周偉傑就是在張小姐的安排之下，於星期一便到那間歐資私募基金上班。

他上班還不到一小時，桌上已堆滿了一份又一份的報告，他顫顫兢兢的打開了其中一份來看，驚覺內容艱深難明，實不知從何入手。

二、取捨

「喂！張小姐，妳好！」周偉傑只覺怦怦心跳，還未聽到對方的聲音，已急不及待的向人家打招呼。

這個電話，果然是張小姐打過來的：「偉傑，你知道嘛？你的運氣真好。我剛好與人事部說過。人家真的很有誠意，而且還十分大方呢！本來他們只會接受以月薪作為洽談的基礎。可是，若你能夠提供雇主給你的單據，證明你過去五年以來的額外花紅都是非常穩定的話，他們仍會願意考慮以年薪來作為的薪酬調整的參考。你能否提供相關的單據給我？」說好消息的時候，語氣亦忽然變得溫柔動聽。

周偉傑立時大喜若狂：「當然有！每年雇主給我們用來報稅的單據和每月派發的薪酬收據，我都有副本儲存在電腦裡，可以立即以電郵傳送給妳！」原來他做事細心，由畢業至今，都會把公司給他的合約、大小通知及薪酬收據等記在電腦裡，以備不時之需。剛才給張小姐逼得緊了，還沒有想到自己有這些「證據」在手。

「很好！最好今天下班前可以給我。因為人家需要你盡快上班。一切的程序也得要快！」張小姐語帶威嚴的說。

周偉傑肯定的答：「沒問題！我一會兒就可以發一個電郵給妳！」

「你在家嗎？為什麼可以這麼快便整理好這些資料？」張小姐好奇的問。

「不是。我……我在公司，現在也很忙。嗯……只是我一直以來的薪酬收據，都會傳入電腦，再放在網上的私人檔案裡作為『備份』。現在以手提電話也可以從網上下載到這些資料，很方便的。」

他所說的，當然是謊話，他的所有資料，都在家裡的電腦之內。周偉傑本來仍是坐立不安，但聽到人家答允以年薪作為薪酬調整的參考指標，便即心花怒放。他討價還價的經驗雖然不算多，但在那間華資銀行裡當客戶經理已有五年，曾與不少企業高層交手，已非「吳下阿蒙」。他心情漸漸平復下來，更已想通當前的重點所在。他深知現時已到了議價的階段，雖然要清楚表明自己對這份工作的誠意，但絕不可以讓對方知道自己竟然請了假來應付這個面試。若對方得知自己這般重視這份新工作，自然會狠狠的「壓價」。若說自己一早已為了討價還價而準備好這些資料呢？對方也會猜到他其實是十分著緊這個機會的，議價之時也不會留手。所以，周偉傑在霎時間編出這個謊話出來隱瞞自己的想法。他說謊之時，仍是有點緊張，語氣也不甚肯定，但所說的，似乎又沒有什麼明顯的破綻。

張小姐懶理他的什麼「網上資料夾」，只急著說：「既然資料已在網上，可不可以盡快給我？」

「盡快罷！剛好我與客人有一個會議。開完會之後立即傳送給妳。」周偉傑為了把慌話編得合情合理，只好再多說一個大話。這其實也是為自己爭取多一點時間。一來，這涉給薪酬調整的問題，非同小可，不可以隨便的答覆對方。二來，為確保資料無誤，也要把單據再看一遍。三來，他亦打算把自己預期的薪金及理據作一個總結，清楚列明在電郵之上。「白紙黑字」的表達，更可盡量避免在電話上「你一言、我一語」之際可能產生的誤會。反正對方也是希望自己在下班前把資料傳送過去，大約在傍晚時分回覆她就行了。

「無問題。你希望得到的升幅大約是年薪的百分之二十，對不對？」張小姐再次問。

周偉傑說：「是的！」答得斬釘截鐵。

張小姐又問：「你希望得到的金額是多少？以年薪計算是可以的。可是，人家也有額外花紅，大約是兩個月左右罷。人事部表明，你得要考慮這個因素在內，不可以假設人家沒有花紅！」語調越說越高，態度亦不甚客氣，就像是前輩教訓後輩一樣。

「這個自然，我會把這個因素一併作出考慮。」周偉傑認為新雇主的想法也算合理。因為新、舊雇主的額外花紅制度，都屬於「沒有保證」的一種，每年公司仍有酌情權決定多寡。其實傳統以來，銀行或金融業裡，額外花紅佔薪酬的比重，相比其他行業來說，是稍為高一點的，所以從業員都對花紅十分重視。這二十年間，經歷過好幾次的金融風暴，金融機構為了節省開支，都不再保證派發花紅。當然，公司為了留住員工，雖然制度變得「沒有保證」，但一般來說，員工都會依舊獲得為數不少的花紅，只是公司在法律上保留這個酌情權而已。除非公司出現嚴重的虧本或員工表現欠佳，否則，每年花紅的金額亦不會相差太大。

張小姐急著問：「百份之二十左右，那麼，你想要的數目，大概是多少？偉傑，你要明白，新雇主給你的職位是財務分析員，你現在則是客戶經理。前線員工的花紅，總是比其他部門高的。」

言下之意，似乎又想開始「壓價」了。

「我先把資料傳送給妳，再給予妳一個答覆罷。我也要計算一下。」周偉傑知道對方既然希望在下班前得到資料，所以自己也不用急於「開價」。他做事向來細心，得長輩指點，但凡有大事要決定之時，無論如何，也會爭取多一點時間。想清楚之後，才會回覆對方，就是人家逼迫他，他亦不會輕易就範。既然是大事，也不差那一時三刻，若為了遷就對方而出錯，或會抱憾終生。

「什麼？還要等！你做事的效率要高一點才行。雇主可沒時間等你太久呢！」張小姐的說話，越來越不留情面。

「張小姐，不好意思。我與客人的會議差不多要開始了。請妳稍等一下。下班前，我會給妳一個答覆。」周偉傑以工作理由當為「擋箭牌」，在情在理，張小姐也是很難再逼迫他的。而且，「下班前」不過是數小時之後的事，等待回覆的時間也算合理。

「嗯，你盡快罷！機會是不等人的。」張小姐雖再無異議，但語帶威脅，仍是希望他越早給她一個答覆越好。她一語既畢，即掛斷了電話，連「再見」也懶得去說。張小姐任職那間獵頭公司的總部在美國，且頗具規模，業務遍佈全世界，在行業可謂首屈一指。張小姐向來以自己的「美資背景」引以為傲，更認為美資公司的作風，當然是只看結果，凡事講求效率，絕不會浪費時間在禮節上。所以，她平時說話的時候，往往是單刀直入，咄咄逼人，毫不講情面；講「再見」之類的基本禮貌，當然是可免則免。

周偉傑收起手提電話，到收銀處結了賬後，便離開了茶餐廳。他得知新雇主願意以年薪作為洽談的基礎，即放下心頭大石，感到街外雖然寒風陣陣，但陽光耀眼，在隆冬之中仍帶著一點暖意，頗感舒服。他心情漸漸輕鬆起來，頓覺得星期五的下午，似乎已帶有一點「假日氣氛」。他橫過一條馬路，沿著花園的路徑往前走，便回到家去。

他回家的第一件事，就是走入自己的房間裡，坐在電腦之前。他早已把張小姐所需要的資料整理好，只一、兩分鐘，便把所有檔案放在電郵之上。現在剩下最重要的，就是薪酬問題。他打算在這一個電郵裡一併給張小姐一個答覆。

他反覆的想：「到底應該如何『開價』？一般來說，若我心目中的價錢，是年薪的百分之二十的話，我理應開價百分之二十五才對。這樣才有一些討價還價的餘地。可是，張小姐早已『開價』百分之二十，現在不過是要我『還價』而已。嗯，畢竟人家本來是以月薪作為計算，現在才改為年薪，當中恐怕浪廢了她不少唇舌。」覺得對方說話之時雖然沒有禮貌，但工作效率甚高，若非得到她的引薦，又怎會得到這個機會呢？若不是她替自己向新雇主說情，又怎會如此順利？想起她的好處，心中已有決定：「何不老老實實同意這個年薪升幅百分之二十的建議？人家快人快語，我也無謂轉彎抹角了。若她『壓價』，我便盡量堅持罷。畢竟，若我的薪金提高了，她的佣金也增加，大家是有共同利益的！」想通了此節，即寫了一封電郵：

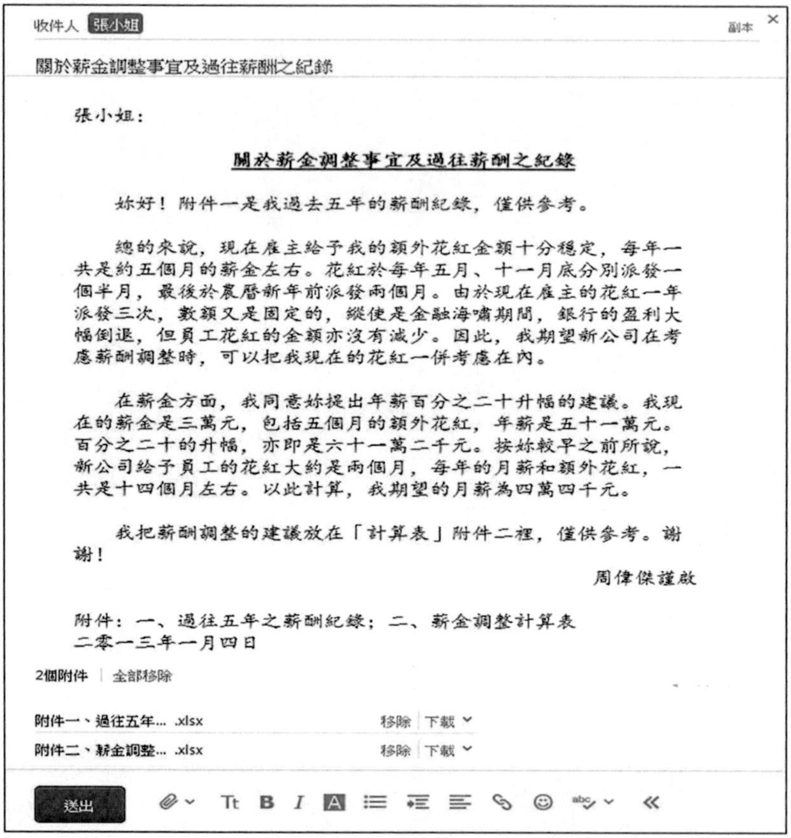

收件人 張小姐 副本

關於薪金調整事宜及過往薪酬之紀錄

張小姐：

關於薪金調整事宜及過往薪酬之紀錄

妳好！附件一是我過去五年的薪酬紀錄，僅供參考。

總的來說，現在雇主給予我的額外花紅金額十分穩定，每年一共是約五個月的薪金左右。花紅於每年五月、十一月底分別派發一個半月，最後於農曆新年前派發兩個月。由於現在雇主的花紅一年派發三次，數額又是固定的，縱使是金融海嘯期間，銀行的盈利大幅倒退，但員工花紅的金額亦沒有減少。因此，我期望新公司在考慮薪酬調整時，可以把我現在的花紅一併考慮在內。

在薪金方面，我同意妳提出年薪百分之二十升幅的建議。我現在的薪金是三萬元，包括五個月的額外花紅，年薪是五十一萬元。百分之二十的升幅，亦即是六十一萬二千元。按妳較早之前所說，新公司給予員工的花紅大約是兩個月，每年的月薪和額外花紅，一共是十四個月左右。以此計算，我期望的月薪為四萬四千元。

我把薪酬調整的建議放在「計算表」附件二裡，僅供參考。謝謝！

周偉傑謹啟

附件：一、過往五年之薪酬紀錄；二、薪金調整計算表
二零一三年一月四日

2個附件 | 全部移除

附件一、過往五年... .xlsx 移除 | 下載

附件二、薪金調整... .xlsx 移除 | 下載

送出

張小姐：

關於薪金調整事宜及過往薪酬之紀錄

妳好！附件一是我過去五年的薪酬紀錄，僅供參考。

總的來說，現在雇主給予我的額外花紅金額十分穩定，每年一共是約五個月的薪金左右。花紅於每年五月、十一月底分別派發一個半月，最後於農曆新年前派發兩個月。由於現在雇主的花紅一年派發三次，數額又是固定的，縱使是金融海嘯期間，銀行的盈利大幅倒退，但員工花紅的金額亦沒有減少。因此，我期望新公司在考慮薪酬調整時，可以把我現在的花紅一併考慮在內。

在薪金方面，我同意妳提出年薪百分之二十升幅的建議。我現在的薪金是三萬元，包括五個月的額外花紅，年薪是五十一萬元。百分之二十的升幅，亦即是六十一萬二千元。按妳較早之前所說，新公司給予員工的花紅大約是兩個月，每年的月薪和額外花紅，一共是十四個月左右。以此計算，我期望的月薪為四萬四千元。

我把薪酬調整的建議放在「計算表」附件二裡，僅供參考。謝謝！

周偉傑謹啟

附件：一、過往五年之薪酬紀錄；　二、薪金調整計算表

二零一三年一月四日

他用字也算客氣，但格式及行文十分簡單。其實當今世道，資訊發達，電郵的往來，大都不講求什麼格式，不少人的電郵，更是「沒頭沒尾」，連跟對方打一聲招呼的功夫也省掉。他仍堅持在洽談一些較重要的事情之際，在電郵溝通上保持最低限度的禮貌。他完成了這個草稿後，發覺仍有不少時間，便沒有即時寄出，只把郵件儲存起來。一來，他想再添筆潤飾，修改一番，二來是在餘下的時間，趁機好好弄清楚自己的想法。

這種不即時作出口頭回覆，好好想清楚後，才以電郵答覆的做法，是他一位好朋友「華哥」教他的。

華哥大約四十五、六歲，比他大十多年，是他中學時的全科補習老師。從前，華哥也是居住在「城市花園」裡，與周偉傑是鄰居，兩家人亦甚為投契，感情甚佳。華哥從少讀書成績優異，畢業後於投資銀行裡工作。於三十歲那年，毅然放棄了高薪厚職，到中文大學修讀財務科碩士。那時候，周偉傑剛好升讀中三。他當時無心向學，成績倒退，讓家人十分擔心，便請華哥做他的補習老師。華哥見與周偉傑也甚投緣，又閒來無事，便答允了他們的要求。經華哥的指點之下，周偉傑的成績突飛猛進，所以全家人也對他十分感激。兩年後，華哥要到美國繼續深造，修讀博士課程，未能充當他的補習老師，但每當周偉傑在功課上遇上了什麼疑難之際，只要發一個電郵給他，華哥便會逐一給他解答。二人的情誼，就是在這不知不覺之間建立起來。

及後，周偉傑就是在工作上遇到什麼難題，也會求教於他。五年前左右，華哥從美國回來，擔任中文大學工商管理學財務科的客席教授。他雖然早已搬家，但仍會找周偉傑聚舊。此外，二人志趣相投，均喜歡泰拳運動。每星期於下班之後，都會有一、兩晚左右，相約到位於灣仔的一間泰拳館裡，一起練習。

周偉傑看著這封電郵，便想起華哥：「這法子其實也是華哥教我的。若非如此，剛才給張小姐逼得緊了，說不定早已就範呢！」想起這位良師益友，心裡泛起一陣歉意：「唉！我為了準備這個面試，昨天明明約了華哥，但最後還是爽約了，連原因也沒有說清楚給對方聽，實在是大大的不該！改天一定要向他道歉才對。」

他胡思亂想一會兒之後，仍不寄出電郵。因為華哥亦曾教他，在處理重要的電郵時，先把完成的初稿放在一旁，休息足夠之後，才把它重閱一遍，以免自己在精神不夠之時走漏了眼。在確認無誤之後，才把電郵寄出。華哥多次叮囑，電郵寄了出去便是寄了出去，一切也成定局，所以在文書上，絕不能馬馬虎虎。

他忙了大半天，只感眼皮漸重，便走上床，打算午睡片刻。

他躺在床上不久，合上眼睛，但覺得心煩意亂，難以入睡。不知過了多少時候，在曚曨之間，門鐘響起，女友嘉儀忽然走上門，原來她也請了假，還很認真的與他討論「人生大事」起來。購買房子、選擇求婚戒指及籌備婚禮等等的事情，絕不能馬虎。二人談了很久，仍難有共識。他只覺得要舉辦一個似模似樣的婚禮和購買一間合適的房子絕不容易，當務之急，只好盡快接受私募基金的新工作。

他想通了此節，便立即致電給張小姐，什麼條件也應承了她。讓他大感意外的是，張小姐竟然在傍晚時分便把新合約帶了過來，更告訴他下星期一便要上班。此外，張小姐還答允替他辭職。在她的協助之下，周偉傑連向華資銀行的老闆交代一聲也不用。一直以來，老闆對他雖談不上很好，但也沒有虧待了他，此刻竟「不辭而別」，實在有點過意不去。此外，老闆較傳統，或會介意也說不定。可是，人望高處，也顧不到這麼多了。畢竟，商場上只有永遠的利益，並沒有永遠的朋友或敵人，大家也只會為自己作打算。

周偉傑就是在張小姐的安排之下，於星期一便到那間歐資私募基金上班。

他上班還不到一小時，桌上已堆滿了一份又一份的報告，他顫顫兢兢的打開了其中一份來看，驚覺內容艱深難明，實不知從何入手。心情慌亂之際，又見到一個頗為面熟的中年外國人向自己衝過來，原來是大老闆。他於面試之時的笑容，竟消失得無影無蹤，彷彿是判若兩人，更滿臉怒容，指手劃腳的，卻不是在說英文，也不似是法文，大概只知道他對自己十分不滿，但卻不知他到底在說什麼。

忽然之間，大老闆竟操得一口流利的中文，更發出一把非常熟悉的女聲來：「偉傑，你知不知道我已浪費很多時間在你身上？我只是要這麼簡單的資料，你居然要我等？機會是不等人的！你知道嗎？」卻是張小姐的聲音。

周偉傑聽到這把女聲，感到十分詭異，立時汗流浹背，大吃一驚，「呀」的一聲叫了出來，發覺自己仍在家中那溫暖的被窩裡，才知原來只是惡夢一場。

他舉頭一看，現在已是下午五時，心想：「其實本來打算傍晚六時左右才把電郵寄出的，但張小姐可能已不耐煩了，還是乖乖的把電郵送出罷！」立刻再覆看內容及附件一遍，確保無誤後，即把電郵寄出。

只過了半小時，電話再次響起！

他立即接聽：「張小姐？」每次接聽她的電話，心都跳得很厲害。

「偉傑，我已收到了你的電郵，資料已轉送給人事部。你期望的月薪，是四萬四千元嗎？相比你現在的月薪，是百分之四十七的升幅！人家雖然願意以你的年薪作為計算的考慮，但我剛才也說過，花紅畢竟是花紅，是沒有保證的。以月薪來計算的話，百分之四十七的升幅，實在十分驚人。我想你這幾年也沒有找工作罷？現在勞工市場淡靜，這一年間，經濟不明朗，所有雇主都只會願意考慮給月薪百分之二十的升幅！」張小姐的語氣依舊帶著那股威嚴。她頓了一頓，又繼續說：「我有一個客人，也是在銀行裡工作的，有二十年經驗。他與你一樣，也有這個花紅計算的問題。可是，他千辛萬苦的與人家討價還價，最終才得到月薪百分之三十的升幅。這已算是十分罕有的例子！」越說越大聲，似是振振有詞。

周偉傑聽到張小姐的語氣漸趨強硬，又即焦急起來：「張小姐，以月薪計算雖然有點誇張，但以年薪計算的話卻不過是百分之二十。而且，我已考慮新雇主大約有兩個左右的花紅。我現在的雇主是『低月薪、高花紅』，新雇主則是『高月薪、低花紅』，所以用年薪計算最為合理。百分之二十的調整，也是市場慣例。」薪金的升幅，是他看得最重要的一環，語氣也越說越堅定。他靈光一閃，又說：「數月前，我部門之內有一個員工辭職，並轉投新公司。據他透露，由於新、舊雇主的薪酬機制不同，加上他與我一樣，薪金亦比市場的平均數值為低。最終，新公司願意給他差不多百分之七十的月薪升幅呢！」他說的是真有其事，只是那名員工不過是剛畢業三年的見習生。一般銀行的見習生，實習期約兩、三年，而且薪金會逐年提高。可是，由於他現職的華資銀行十分著重論資排輩，見習生的實習期竟長達五年，而且薪金嚴重偏低，實習期間的調整也很少。那名青年在這間華資銀行裡工作了三年，便轉投一間美資銀行了。

他見對方以一個不知名的例子來增強說服力，便即以相同的手法「反擊」。

在商業世界裡，不少人為了說服他人，都會引用一些對觀點有利的數據及例子。最常見的方法，就是以一些似是而非的個案來作比較。張小姐所說的，其實未必可以與周偉傑的現況相比。那名員工已有至少二十年經驗，薪金可能已到了一個偏高的水平，縱然沒有薪酬機制的問題，亦未必能獲得大幅的加薪。再者，他雖然只得到月薪百分之三十的升幅，但絕不表示周偉傑那百分之四十七的升幅太高，因為兩者的花紅比重可以是不同的。無論如何，既然他最終能獲得百分之三十的升幅，亦即證明張小姐剛才之言，亦即「所有雇主只肯給予月薪百分之二十的升幅一說」並不成立。此外，縱然那人真的存在，情況與周偉傑又是十分相近了，他願意接受一個較低的升幅，亦可能不過是個別例子，並不能反映整體市場的情況，更不能因此而斷定周偉傑的要求太進取。其實商人分秒必爭，殊不會有閒情日子來細閱諸般所謂客觀的理據及研究，因此大家在撰寫報告或討價還價之際，所引用的分析、數據及真實個案等等，大都沒有嚴謹的科學驗證基礎，甚至是指鹿為馬，或無中生有。所謂的客觀例子及理據，都不過是一種騙人入局的小把戲罷了。

周偉傑以其人之道，還治其人之身，一起引用例子，雖算不上是高明，但亦似乎亦成功把對方的氣焰略為削弱。

張小姐「嘿」的一聲，不去質疑他所舉的例子是否真實和恰當，只說：「四萬四千元，或許仍可以一試。雇主曾暗示，她們願意付出的薪金，大概是四萬二千元至四萬四千元左右。不如我們試試四萬三千元罷！」語氣雖變得柔和起來，但其實內容的本質不變，都是希望他減價，且更提出削價一千元的建議。

周偉傑嬉皮笑臉的說：「只差一千元，張小姐就幫幫忙罷！若只拿一個『中位數』，又怎能顯露張小姐的『功架』？」語氣略帶輕佻。這樣半真半假的說話，其實是刻意的。他當了客戶經理五年，曾經從不少銀行前輩身上「偷師」。他記得有一位前輩，每當雙方各持己見之時，為免氣氛太緊張，都會嬉皮笑臉的把自己的想法帶出來。他在潛移默化之下，也常常在討價還價的時候，以這種半真半假的語氣來應付他人。一方面避免了氣氛太過僵持不下，另一方面，又可以堅持己見，顯示出「半步也不能讓」的姿態。

他聽張小姐所言，自己建議的薪金，理應在對方接受的水平。他聽張小姐說薪金在四萬二千至四萬四千元左右，打賭四萬四千元最多不過是「中位數」。她的經驗非淺，又怎會隨便說出雇主的「底線」？既然如此，她不過是盡量把自己的薪金「壓低」罷了。他知道獵頭顧問為了確保成事，大都會把雇員的薪金盡量削減一點。雖然薪金越高，對雇員及獵頭顧問也越有利。可是，兩者的實質利益，並不是完全相同。一般來說，獵頭公司大都以雇員一至六個月的薪金作為佣金。以周偉傑這類職級來說，張小姐所屬的公司，應該可以得到等同周偉傑三個月左右的薪金作為酬勞；張小姐則與獵頭公司瓜分這筆佣金。若張小姐成功勸服了他減價一千，獵頭公司不過是少了三千元的收入罷了，減一點佣金，成事的機會大增，甚至乎可以省卻她與雇主洽談的時間，何樂而不為？可是，周偉傑每年的損失，合共是一萬四千元。

他明白箇中情由，深信雇主理應可以接受這個價錢，便在薪金一事上漸趨強硬起來。

張小姐沉靜了一會，才說：「四萬四千元，我可以嘗試給你爭取。香港區的人事部若然同意，申請書便會遞給總部去批核。總部沒有問題，才會給大老闆決定。若大老闆認為這個數目太過份的話，整個過程又要推倒從來。所以，怎樣『開價』，也要想得清清楚楚。偉傑，交給我罷，我會為你爭取一個最好的價錢！」得知他對薪金一項最為執著，語氣便不似剛才般強硬，可是，她仍沒有正式答允他「爭取四萬四千元」這個請求。

「四萬四千元，希望張小姐爭取到這個數目！」這次終於由周偉傑作出進逼。

「嘿！那就試試罷！」張小姐似乎終於屈服，只冷笑了一聲。

周偉傑認真的說：「謝謝妳！」強硬之際，仍不敢如張小姐一般毫不留情面。

張小姐舒暢的大笑起來，過了一會，又飛快的說：「我儘管替你試試。現在我們要先搞清楚主要的條件。薪金是一個因素。職級只是『經理』，我想你沒有問題罷？另外，私募基金十分著急，要你立即上班，它們會賠償你因提早解約而產生的損失，這一點也沒有問題罷？除此之外，你在決定接受這份工作之前，還有沒有想知道或希望弄清楚的的事情？」

周偉傑只覺其實最主要的事項還是薪金，其他的因素都可以商量，聽她如「機關鎗」一般的把一系列考慮因素說出來，忽然心中一亮：「啊！似乎張小姐正在用上一些簡單的談判技巧，或許獵頭公司亦有相關的培訓課程給她！」他在大學的時候，曾讀過一個關於談判技巧的課程，隱約記得當中一些要點。

其中，導師曾教他們，先把需要洽談的事項列出，寫成一個「談判表」，把雙方對每一事項的重要性逐一作出評估。然後在談判時，再把每一事項分別按自己及估計對方所需，分為「可觀」、「合理」及「不接受」三個範疇，然後逐點討論。這種系統性的分析及討論，可先檢視清楚自己真正所需及各事項的「底線」，亦可在過程中逐步理解對方所求。但凡交易，雙方都是各取所需；同時間，又要為自己想要的而作出「交換條件」。以這種較有系統的程序來談判，清楚的顯示出每一單交易當中，雙方所需要作出的取捨，最終使大家更容易達到「雙贏」的局面。這個「談判表」在他腦海中一閃而過，心中佩服：「她在心裡或在桌上，都應該有這樣的一個『談判表』！先找出我最關心的事項，然後測試我的『底線』。最後就是討論其他較為次要的事項了。唉！我面對客人之時，也會用上相類似的功夫。可是，現在等到自己求職之際，關心則亂，反而把所有要訣都拋諸腦後！」其實談判之法有很多，各有好處，在不同之情況及面對不同的對手，亦應該用不同的手段。她現在用的方法，是「先難後易」的策略，當最難的事項解決後，其他瑣事便會迎刃而解了。

他定一定神，說：「張小姐，應該沒有問題。對我來說，最重要是薪酬的調整。另外，我想再次弄清楚一點，我立即上班並沒有問題，但新雇主會否賠償我因提早解約而產生的所有損失嗎？」早前雙方都集中火力的討論薪酬問題，對何時上班一事，其實沒有說得清楚明白。當中，較為關鍵的是，周偉傑現職的華資銀行要他在辭職之際，給予至少兩個月的通知，周偉傑若要提早解約，便要付出等同兩個月薪金的「通知金」作為賠償。此外，還有約五個星期左右，便是農曆新年。新年假期前，他便會獲發兩個月的額外花紅，若現在辭職的話，原本享有的花紅亦會失掉。若新雇主需要他即時上班，以上種種損失，新雇主會否全數承擔，都要說得清楚明白。

「你現在解約，需要賠償雇主合共兩個月的『通知金』，這當然由私募基金一方負責。我已說過不只一遍了！」張小姐語氣帶了點不耐煩。

「張小姐，我明白。但我農曆新年前發放的花紅，也會因我現在辭職已失去。新雇主會補償我這方面的損失嗎？」銀行從業員向來對這份額外花紅特別看重，如今農曆新年也只是相隔一個月左右，就是新雇主一方的申請、審批、草疑聘用合約、按排入職前的準備等等，也不是一時三刻之內可以完成的事。一般來說，新雇主都會願意多等一會兒。若它們真的等不及，應徵者要求它們作出一定的補償，也並非不合理。畢竟，急於聘請員工的是雇主，在原則上，當中衍生的一切損失，亦理應由雇主負責。當然，周偉傑在銀行的職級不算高，花紅賠償的安排並不常見。除非是高級管理層，賠償的名目或種類，可謂五花八門，什麼也可以拿出來談。

「什麼？雇主只會補償你提早解約的損失，合共是兩個月的『通知金』。周偉傑，你現在提出的薪金要求，是月薪百分之四十七的升幅！人家十分大方，已答允賠償你的『通知金』，你竟然還要人家補償你那還未到手的額外花紅？新雇主已給了你這麼多好處，你還不心足？」她高聲喝罵周偉傑，又再次如前輩教訓後輩一樣。

「其實……其實……現在……也只剩下數個星期，若雇主不能作出這方面的補償，可否多等一會兒嗎？」周偉傑十分希望得到這份工作，但亦十分重視差不多到手的額外花紅，忽然給她一喝，心跳加速，但只好硬著頭皮的爭取，說話之際，已有點心慌意亂，口齒不清。農曆新年假期前所派發的額外花紅約六萬元，對他來說，可謂十分重要，實在很難要他放棄眼前這筆錢。

「我剛才不是說得很清楚嗎？雇主是十萬火急的！」張小姐補充。

「請問……請問對方何時要人？」周偉傑緊張的問。

「當然是越快越好！」張小姐大聲的喝他。

「那麼……那麼……總有個時間罷？」周偉傑清楚知道，一般公司就是急著要人，至少也要準備一、兩個星期。現在相隔派發額外花紅的時間，不過是五個星期左右。只要一收到花紅，便可立刻辭職。他總覺得這個時間上的問題，是可以商量的。因此現在雖是給張小姐嚇破了膽，但也得要弄清楚當中的細節。

張小姐急著說：「大概是兩至四個星期左右罷！無論如何，也是越快越好！」

周偉傑微感奇怪：「總有一個限期罷？又怎會是一個時段？若她們可以等四個星期，為什麼不可以多等一個星期？若要我兩至四個星期之內上班，等到那時，也差不多要放農曆新年假期了。為什麼一定要在長假之前上班？只差一、兩個星期也等不及？」越想越覺得奇怪。

「偉傑，我嘗試給你問一問，新雇主有沒有『加盟花紅』罷！」她一語既畢，即掛斷了電話。

「加盟花紅」又可稱為「加盟費」，是入職之際，即時享有的花紅，以此來補償舊雇主本來會給予的額外花紅，亦是市場普遍接受的做法。可是，近年經濟不景氣，公司不願花錢，加上周偉傑的職位不高，要爭取到「加盟費」，實是談何容易？

他的臉上帶著一絲苦澀的笑容，暗想：「我又不是球星或明星，又怎可能會有『加盟費』？這不是開玩笑嗎？」

他的心情再次「直插谷底」，短短數小時之內，實是忐忑不安。他定睛看著手提電話，希望張小姐盡快致電給她。一會兒又想：「四萬四千元，著實不是少數目。雖然放棄了六萬元的花紅有點可惜，但難得可以加入私募基金裡工作，這可是十分難得的機會呢！只要工作約四個月左右，薪金增加的部份，便能抵消六萬元的損失了。」他畢竟是會計師出身，且心算甚佳，片刻間已計算出當中的得失。可是，一轉念間，即拿計算機出來弄清楚：「唉！但六萬元著實不是一個小數目。雖然月薪是提高了不少，但年薪的加幅為百分之二十，每年增加的金額是十萬二千元。但因轉換工作而失卻六萬元，即新工作於首年的真正加幅，就只有四萬二千元，那不過是年薪百分之八左右的升幅！而且，我對華資銀行的額外花紅十分有信心，但新雇主的花紅是否真的有兩個月？若然最終不足兩個月的話，我可不是『明加暗減』、『賠了夫人又折兵』？」

他正自苦惱間，只過了一會，電話鈴聲又再次響起，屏幕上，並沒有「來電顯示」。

「我已替你打聽過，雇主不會有『加盟花紅』給你。整間公司，就是高級管理層，也不會有這樣的待遇。像你這般低級的職員，更加不可能有！你如果要接受這個機會，就只好捨棄你那兩個月的花紅了。」張小姐工作效率奇高，只過了約十分鐘，便已得到人家的答覆。

「那麼……他們多等一會也不行嗎？」周偉傑只覺得一顆心，像是跳了出來一樣，已感到有點喘不過氣。

「當然不行！偉傑，這是一個千載難逢的機會。只要你好好把握，你便可以真正投身私募基金這一行裡，從事財務分析員這個理想的工作。你的眼光將會更加擴闊，工作前景也會得到改善，我相信這也是你多年來盼望得到的。在私募基金裡學到了本事，哪怕賺不回來區區六萬元？大老闆給予你『入行』的機會，更考慮替你賠償『通知金』，難道你就不能拿一點誠意出來嗎？而且，我可以嘗試替你爭取月薪百分之四十七的升幅。我們做生意也好，找工作也罷，很多時候，是需要作出取捨的。」她的聲線漸漸低沉下來，語氣也忽然改善了不少。

聽到「取捨」一詞，心裡一震，感到萬分矛盾，不知如何決擇，即變得沉默起來。

「就這樣決定罷！雇主那方希望立刻得到你的答覆！」張小姐一如而往，希望他即時作出決定。

過了一會兒，周偉傑仍感到難以決擇，想起「華哥」一直以來給他的叮囑，堅持在關鍵的事宜上，絕不在還未想通想透之前妄下定論，只說：「張小姐，我需要多一點時間去好好想清楚。現在已差不多六時了，今天是星期五，我下星期給你一個答覆罷。」

「也好，你下星期一早上給我一個答覆！」張小姐又再逼迫他起來。

「嗯。好的！我們下星期一再談罷。」周偉傑雖似是同意她的建議，但自己所說的是「下星期一再談」，而不是「下星期一早上給她一個答覆」。兩者之間，分別頗大，但他含糊其詞，張小姐也沒有功夫理會他，只再補充一遍：「你下星期一早上給我一個答覆罷！」便即掛斷了線，依舊堅持自己要對方答覆的「指令」。

周偉傑在六神無主之際，只能採取這個「拖」字訣。他隱隱覺事情有點蹺蹊，似乎張小姐給他的資料也不齊全，而且可疑之處甚多。跨國金融機構聘請員工，手續需時。而且，一般雇員的辭職通知期由一至三個月不等，為什麼這間私募基金的限期，竟會是兩至四個星期這麼古怪？銀行職員轉換工作，多數也不會先辭職，後找工作。所以一般來說，雇主也會願意等候雇員一至三個月的時候。而且對雇主來說，最重要的是要找到合適的人才，就是十萬火急，也不會連幾個星期也等不來。到底私募基金一方，為何這麼著急？財務分析員又不需要替公司找生意，主理的是對內的分析工作，相比前線員工來說，其急切性較低。而且，這個職位是在現有架構中新增的人手，亦沒有新舊交接的問題，亦即在工作上，理應暫由原來的員工負責，就是再急，也不差那一時三刻。此外，數星期後，便是農曆新年假期。若他真的在兩、三個星期後便上班，不用多久，便要放長假期，就是提早上班，也是無濟於事。雇主為何不可以多等他一會，讓他在長假期後才上班？為什麼堅持要他立即辭職？

他躺在床上，心裡充滿了疑問，已過了不知多少時候。忽然之間，手提電話又再次響起。

他（周偉傑）從睡夢中醒來，見到一個女孩子正坐在床邊。這女子不過二十五、六歲年紀，身材纖瘦，秀髮垂肩，睫毛甚長，雖只是輕施薄粉，但臉容甚美。她眉目間仍帶有一些稚氣，似笑非笑的看著他，不是女友嘉儀是誰？

三、筆戰

「喂！妳好，張小姐？」周偉傑連手提電話屏幕的「來電顯示」也不看便接聽了電話，語氣十分緊張。

只聽到一把懶洋洋的男子聲音笑著說：「什麼張小姐？你的女朋友不是嘉儀嗎？我記得嘉儀並非姓張。」原來致電的並不是張小姐，卻是周偉傑的良師益友華哥。華哥為人幽默，喜歡開玩笑，和周偉傑的相處，也與一般平輩無異。

周偉傑聽到這把熟識的聲音，心裡感到一陣踏實，忙說：「剛才與那位張小姐通電話，還道是她再打來給我。不好意思。」

華哥聽他忽然認真起來，也不再追問那張小姐是誰，只打趣的說：「偉哥，昨晚本來約了你去泰拳館練習，可是你卻沒有出現。我打一個電話給你，看看你是否忽然死掉而已。」他給周偉傑叫作「華哥」已久，笑指禮尚往來，常稱他為「偉哥」，竟把他比喻為那個著名男性房中藥物的品牌。周偉傑知他素來胡鬧，也只好由得他。

「我現在真的需要『偉哥』！」周偉傑苦笑。

華哥嬉嬉一笑，說：「你自己到藥房買罷。這方面我可幫不了你。其他事情，還有商量的餘地。」

周偉傑正色的說：「華哥，我昨天為了準備今早的面試，心情十分緊張，什麼也忘掉了，所以才爽約。我應該預先告訴你一聲，真的不好意。」他們每星期至少也會到泰拳館一、兩次。周偉傑只覺就是其中一人缺席，另外一人也可與館內的泰拳師傅練習。所以，昨天他亦只向館主告假。他本來自覺仍須向華哥簡單的交代一聲，只是一直以來，華哥在大小事情上，已幫過他不少忙，所以不願在轉換工作的事宜上再打擾他。既然不知如何解釋為何告假，所以竟乾脆爽約了。周偉傑甚覺理虧，所以先向他陪罪。

華哥笑說：「原來如此！其實也不用太緊張。所謂轉換工作，也不過是由一個『地獄』，轉投至另外一個『地獄』罷了。只是年青人，需要多點歷練，也要擴闊眼光。當今世道，一般公司又不會栽培後輩，在一間公司待得久了，這種『轉換地獄』的事情，也是要做的。」只一會兒，便已開始長篇大論的說起來，似乎他對任何事情的看法，都會有自己一套自圓其說的理論所支持。

「對我來說，這可是千載難逢的機會呢！雇主是一間頗具規模的歐資私募基金！我已通過了它們的面試，工作崗位並非客戶經理，而是財務分析員，這可是一個讓我轉換行業的『踏腳石』！」周偉傑緊張的說。他通過面試之後，即與張小姐「交手」了近半天。期間，給她咄咄相逼，此刻向華哥解釋之際，心情仍是忐忑不安。

「是嗎？私募基金？也不是什麼了不起的東西罷！既然通過了面試，也不是壞事。且看看他們開出什麼條件，才作決定不遲。」華哥的語氣帶點漫不在乎。

「唉！問題就是在條件上。真是一言難盡。華哥，希望你可以幫我這個忙！」周偉傑終於按捺不住，正色的向華哥「求救」。華哥笑著說：「我自身難保，也不知幫不幫到你。你且先說出來聽聽！」一直以來，華哥都是有求必應的。周偉傑立刻「一五一十」的把面試過過程，及後來與張小姐討價還價的經過告訊了他。華哥用心的聆聽，遇有周偉傑說得不夠清楚的細節也逐一追問，在大概十五分鐘左右，已弄清楚事情的始末。

「首先，這位張小姐的說話似乎有點不盡不實，也沒有給予你機會去問清楚。她只是不斷以言語相逼，想你答允她的所有要求。這位經紀小姐不過在威迫利誘罷了。一方面，要你放棄數星期後的額外花紅是『威逼』，給你爭取一個所謂合理的薪酬升幅則是『利誘』。可是，威逼是威逼了，所謂的利誘，也不見得很吸引。而且，她始終沒有答允你的薪酬加幅。無論如何，雖然你明知有很多問題要弄清楚，但她的口才似乎不差，你根本難以從她的口中得到確實的資訊。」華哥沉思了一會，開始分析「案情」起來。

「對！我給她逼得緊了，自己也很亂。可是，想不明白的地方實在太多！」周偉傑無奈的說。

「為什麼公司只差數星期也不願等？一般銀行或金融機構，給予的通知期是一至三個月，若是高級管理層的話，甚至可以長達半年。以你的職級來說，兩、三個月是很合理的。若公司要你盡快上班，亦當賠償你的所有損失。現在臨近歲晚，只差數星期，你要他們多等一會，也不是沒有商量的餘地。任何與市場慣例不同的做法，都應該問個明白。你的疑問，是很合理的。」華哥條理分明的說。

周偉傑嘆道：「我分別見過人事部、部門主管和大老闆，他們在面試之時，也從來沒有說過要我立即辭職。」

「有沒有雇主的咭片？」華哥忽然問道。

「沒有。他們從來沒有派過咭片，一切聯絡及溝通，都是由張小姐負責的。」周偉傑亦暗怪自己失策。經歷過好幾次面試，公司裡的人也沒有派咭片給他，本來想開口要的，但又怕人家不喜歡，飛快的想：「這幾年間，似乎事移世易了。很多公司的老闆，連交換咭片的『指定動作』也省掉。或許是有太多應徵者在面試後直接找他們罷？因此各大老闆都不願派卡片給我們，更把大小事情，都交由獵頭顧問負責。」

「其實也沒有相干。一來不外乎是兩個理由。反而，重點是你會否願意為了這份工作，放棄你差不多到手的額外花紅？」華哥認真的問。

周偉傑心情仍是忐忑不安，實不知如何決擇。他一直希望可以轉投新行業，財務分析員更是他夢寐以求的工作。可是，新工作的薪酬升幅雖然很不錯，但並非十分吸引。而且，要他因轉換工作已失掉了合共兩個月的額外花紅，卻又並非其所願。他的思緒十分混亂，甚至乎開始懷疑，這份工作是否真的如他所想像般理想。記得五年前，他從會計界投身銀行界，當上了客戶經理，也是充滿期待，更曾經認為前景一片光明。可是，他於這幾年間的際遇卻教他大失所望。銀行業正值風雨飄搖的日子，經濟不景氣，銀行也不願做生意，客戶經理的發展空間有限，與原來想像的情況相去甚遠。他畢竟已有超過八年的工作經驗，亦曾吃個不少虧。有誰能保證某一行業的前景一定樂觀？又有何人可知道他在新公司會否有發展的機會？現在要他為了所謂的理想而作放棄金錢，殊不可能。或許會有人勸他凡事要看遠一點，但經驗告訴他，商業社會裡只爭朝夕，現在捨棄那兩個月額外花紅，只能確保此刻的「絕對損失」，殊不能保證將來的收穫。

他雖然想通了此節，但要他作出取捨，又是千難萬難，在電話裡，沉默了很久。

「暫時想不通，也不打緊。你至少仍有一點時間去想清楚。」華哥輕鬆的說。

周偉傑嘆了一口氣，說：「張小姐要我星期一答允她。」

「不用怕，你星期一要『答覆』她，可不是『答允』她。你的『答覆』，也可以是一連串的問題。其實種種疑團，你大可於星期一嘗試向她問清楚，甚至乎在必要時，要求與雇主直接對話。當然，她九成是不會答允的。其實張小姐要你這麼快上班，不外乎是兩大原因。」華哥胸有成竹的說。

周偉傑緊張的問：「為什麼？什麼原因？」

「因為雇主真的很焦急，所以希望你盡快上班。」華哥的語氣甚是嚴肅。

周偉傑沒好氣的說：「唉！我可沒說笑的心情呢！」

「非也！新雇主可能真的等不及。內部可能人手不足，工作堆積如山，已是拖無可拖了，就是連幾個星期的時間也等不來，非要找一個『替死鬼』不可。而且，他們仍有後備的人選可供選擇，實不用花時間跟你討價還價，所以便『命令』你一定要上班。可是，既然新公司那般十萬火急，恐怕內部已有如『地獄』一樣。應否到那兒，你得要進一步瞭解內部的情況才說。一定要想得清清楚楚。」華哥笑著說。

周偉傑一直認為這間私募基金是一個好地方。經他提醒，才開始重新考慮新公司的內部狀況。

「另外，可能其實雇主是不太著急的，一心要你立即上班的，實是另有其人！你猜一猜是誰？」華哥聽他默言無語，便拋出一個問題。一直以來，華哥與他討論大小事情，都會不停提問。一來是要引起他的疑惑，誘發他尋根究底的興趣。二來是他深信，只有讓學生不斷苦思，才會讓他們把得來的知識深印腦海。

周偉傑想了一會，依然毫無頭緒，忽然聽到電話裡傳來「嗗轆、嗗轆」的聲響。周偉傑知華哥應該在喝飲品，多半是他最喜愛的「朱古力咖啡」，教他聯想起當年華哥替他補習的情境。每逢他有功課不明白之際，華哥都不會直接給予他答案，卻反而一邊喝著「朱古力咖啡」，一個提出更多從表面上看來毫不相干的問題。他只覺華哥的提問相比功課裡的難題來說，似乎更教人摸不著頭腦。他想起昔日之軼事，苦笑道：「華哥，我這學生真的沒出息，什麼也想不到。」

「想不到便瞎猜罷！不要給人家嚇怕了。這條問題還不容易？又怎會想不到？除了雇主，還有誰？」華哥沒有給他答案，仍要他用心的想清楚，更鼓勵他，笑說：「答錯也沒有人會要了你的命。」這也是華哥經常會說的「口頭禪」之一。

「啊！是張小姐！」周偉傑靈光一閃。

華哥懶洋洋的說：「若不是雇主的話，除了張小姐之外，還會有誰？她為什麼這麼焦急？」

「為什麼？為何張小姐等不及？」周偉傑雖是衝口而出，但仍是心神恍忽，一邊問自己，一邊說：「啊！是了！她當然希望我盡早上班。我早一點上班，她便越快收到佣金了！」他畢竟是銀行的前線員工，深明銷售人員的心態，終於從一片茫然之中想到箇中關鍵。

「早一點收到佣金，又對她有什麼好處？」華哥又是「嘈轆」的一聲在喝「朱古力咖啡」，才好整以暇的問。

「若等得久了，或會有變化。她擔心我可能在幾個星期之內，找到一份更好的工作，或忽然改變主意。所以為免夜長夢多，就是私募基金一方未必是這麼著急，她也先行逼迫我。她不是為雇主說話，她只是為了自己！」想起張小姐竟為了一己之私利而逼他放棄一筆十分可觀的花紅，大感不忿。

華哥終於滿意的說：「這就是了。這塊肥肉，差不多到口邊了，她又怎會不著急。她可是天下間最焦急的人呢！」

「難道雇主一方不著急嗎？」周偉傑仍有點疑惑。

華哥想了一會，說：「雇主也可能是很著急的，可是卻沒有給予獵頭顧問一個限期。因此，你問她雇主希望你何時上班之際，她只說是『越快越好』，就是你叫她說出限期，她亦只能答你『兩至四個星期左右』，並沒有一個確實的日子，也沒有解釋原因。」

「張小姐一方面逼迫你，要你立即辭職。另一方面，她可能還在遊說雇主一方，說服它們讓你立刻上班，更建議雇主代你向華資銀行作出提早解約的賠償。她是上下其手，把雇主與應徵者都玩弄在股掌之間。其目的，當然是要確保整個交易，都在對自己最有利的情況下完成。可是，你們兩方面的利益，都不是她首要考慮的因素。這就是經紀的真面目。」華哥慢慢的向他解釋。

周偉傑的心情本來是七上八落的，但現在給他這麼一說，越想越是怒惱。

「這也是一般經紀慣用的手法，也沒有什麼大不了。其實她打從一開始，便教你『入局』了。你試想想，獵頭顧問推薦你給雇主，又怎會連對方願意給你多少薪金也不知道？若雇主只願給你一萬元，你要求的是兩萬元的話，這宗生意，是怎樣也做不成的。他們絕對不會浪費時間在這些交易上。雇主請獵頭顧問替它們辦事，對崗位的性質、價錢及諸般條件等，都會先行說清楚。你期望的薪金升幅，當在雇主願意考慮的水平，獵頭顧問才會把你的履歷送過去給雇主，安排第一次面試。」華哥認真的向他解釋。

「她是替誰工作的？」華哥忽然笑問。

周偉傑一愕，說：「她是雙方的經紀……噢！不！不是！」

他給華哥一問，忽有所悟，繼續說：「她是替私募基金那方辦事的。是雇主給予她佣金的。對方才是她的老闆。我可沒有給過她分毫呢！」

華哥又問：「你的想法很有道理，但只能算是答對了一半。我就先假設你答對，就把她當為私募基金請來的『馬前卒』罷。若你的老闆與人家洽談生意，你想知道結果，你會先找誰？」

「當然是找老闆。又怎會先找我？」周偉傑才開始明白華哥為何有此一問。

華哥笑說：「這就是了！孺子可教也！待你完成面試之後，她便致電給你，表面上在跟進你面試的表現，甚至乎假裝還沒有聯絡私募基金的負責人。但其實她一早就應該獲得雇主的通知才會找你。她致電給你，不過是替雇主試探你的口風罷了。她是雇主的經紀，可不是你偉哥的經紀。她得知你對這份工作有興趣後，便開始替雇主向你施加壓力，一方面與你議價，另一方面則要逼你答允她立刻辭職。她說甚麼不清楚雇主的想法，又說會替你爭取一個好價錢云云，也不過是一個小把戲。及後，什麼月薪或年薪的爭論，九成也是假的，目的不過是要留難你一下，一方面是在『壓價』，另一方面，則教你感到困難重重。等到你以為她終於為你爭取到一個好價錢之後，便再向你步步進逼，要你放棄兩個月的花紅，立即上班，讓她及早收到佣金。」

周偉傑怒道：「這張小姐真是可惡！」

「你沒有聽過『經紀無情』嗎？其實你在財務課堂上也有學過的，課題叫作『經紀之操守問題』，主要是指經紀為了自身的利益而行事，懶理交易雙方的利益，甚至乎是利用自己在資訊上的優勢而做出種種損人利己之事。買賣雙方及經紀的所得到的資訊都不同……」華哥作為財務科的客席教授，竟開始「引經據典」起來。

「我記得！賣買交易雙方的資訊不對稱，因而增加了交易成本。經紀的功能之一，便是為了促進買賣雙方的溝通，從而節省交易成本。可是，經紀掌握了雙方的資訊，卻容易衍生出不少操守問題。」周偉傑雖是會計師，但在大學裡唸的卻是財務科。他記性甚佳，想起當年在課堂上的學到的理論，勉強說出課文的大意。但他記得的就只有這麼多，箇中的細節，當然是全數拋諸腦後。

「這就是了！其實那位張小姐也做得不高明。後來還說給你爭取『加盟費』云云，更是畫蛇添足。」華哥大笑起來。他曾在投資銀行裡工作多年，對財務機構的運作十分瞭解，現在雖然投身教育界，但還與商界的朋友保持聯絡，對「行情」仍是十分熟悉，當然知道近身經濟環境惡劣，大小企業都在削減成本，周偉傑這個後輩小子，是很難爭取到「加盟費」的。

周偉傑嘆道：「我不過是一個普通銀行職員，並不是高層，又怎會這麼容易便爭取到『加盟費』？如今經濟前景不明朗，公司為了節省成本，都不會太進取，就是一般高層也未必會有這樣的待遇呢！她這樣說，不過是要我患得患失，忐忑不安而已！掛斷了電話後，沒多久又致電給我，還假裝已嘗試替我向雇主爭取『加盟費』。嘿！其實她根本沒有致電給雇主，只是在演戲！她事前又怎會不知道雇主是否願意給予『加盟費』？她只是假裝替我想辦法，從而爭取我對她的信任，最終也不過是要我放棄額外花紅，及早到新公司上班，好讓她的佣金『袋袋平安』！」得到華哥的指點後，漸漸豁然開朗，明白當中的來龍去脈。

「正是！這就是獵頭顧問的真面目。」華哥打趣的說。

他忽然沉默了一會，想必是在品嘗那美味的「朱古力咖啡」，又說：「但嚴格來說，私募基金也不是她的雇主。她，才是自己的雇主！她靠佣金為生，在你們中間上下其手，只會為自己打算。所以你說私募基金一方是她的老闆，也只能算是答對了一半。她才是自己的老闆。」

周偉傑說：「獵頭顧問真的很卑鄙！」

「應徵者也不見得大仁大義，難道你們會真的為雇主打算嗎？你們為的也是自己。其實獵頭顧問的心裡也很不踏實。現在終於找到了人，可是，你們可以出爾反爾，明明答允了雇主，簽了合約，最後卻沒有出現。不是另謀高就，便是拿著新雇主的合約向舊雇主施壓，要他們升職加薪。就是去了新公司上班，也可以在試用期完結前辭職。若是如此，他們分毫也收不回來，可說是『白做』。」華哥素來喜歡從多角度作出分析。

周偉傑嘆了一口氣，說：「各人也只顧自己的利益，懶理人家的死活。」

「啊！差點忘了跟你說。私募基金既然願意替你賠償華資銀行的罰款，這筆錢不可能是『免費午餐』。張小姐有沒有說過相關的條款？一般的市場做法是，新雇主替你承擔與舊公司提早解約的罰款之後，你也要在新公司裡工作至少一年。若你一年之內離職，你是需要把錢還給雇主的。」華哥作出補充。

周偉傑大吃一驚，說：「是的！幸而得你提點。張小姐沒有說明相關的條款。我曾經聽朋友說過這種安排，但現在卻沒有想起來。這也是一個重要的考慮。」

「這個自然！新公司承擔舊公司的『通知金』，你則要到新公司裡『坐牢』一年。這當然要想清楚！在張小姐而言，她當然樂見其事。她可確保你不會在試用期完結前離職，她的佣金便更加十拿九穩了。在雇主來說，雖然多了一筆額外的費用，但亦可保證你為公司效力至少一年，不會只逗留幾個月便離開。這也是符合雇主的利益。」華哥進一步向周偉傑說明，為何雇主及獵頭顧問都想他立刻離職。

周偉傑沉思片刻，把華哥的論點重覆一遍：「那麼，雇主可能真的十分著急，工作堆積如山，所以不惜多花一點錢，亦希望我盡快上班。另一方面，它們可能其實還不算很焦急，只是希望透過作出一點賠償，確保我於未來一年內不會離職。兩個可能性同時存在亦可。」

「正是。總的來說，要你立刻辭職，這可能只是獵頭顧問的主意。亦有可能是雇主的意思。但雇主的想法，才是較為重要的，你應當設法弄清楚。若你不願意放棄額外花紅，雇主又不願多等你數星期的話，這宗生意便談不成了。談不來的生意，也不用再傷神。」華哥輕鬆的說。

周偉傑聽到他說「談不來的生意」，即感到坐立不安，心裡一驚，說「若獵頭顧問為了一己之私利來搗局呢？若我不答允她的請求，她大可替我把工作推掉，或在雇主面前說三道四，然後再介紹另一位應徵者給雇主。」只覺雇主雖然未必等不來，但經紀亦可從中作梗，破壞他的好事。

「這個可能性不大。因為對經紀來說，雇主決定了請誰便請誰，他們是無法控制的。對他們來說，這也是最艱難的部份。所以無論如何，難得雇主看中了你，他們不大可能替你推掉工作。若雇主希望你盡早上班的話，經紀便會想盡辦法的向你威逼利誘，非要你答允不可。若你堅持要多等數星期的話，她仍會拖延時間，把你的要求告訊雇主。若雇主願意等的話，這宗交易便大致完成。若雇主不願意等，或難以決擇之際，他們才會向雇主推薦另外一位應徵者。當然，若雇主心目中已有後備人選的話，大家也不用那麼操心了。」華哥進一步的作出解說。

華哥又喝了一口「朱古力咖啡」，又問：「所以，大前題是，你是否願意為了這份工作而放棄將獲到的額外花紅？」他再一次重覆這個問題。

周偉傑本想說「不願意」，但畢竟仍十分重視這個機會，始終未能狠下決心的說「不」。

華哥笑說：「現在想不通也不打緊。你還有一點時間去想。剛才也說過了，星期一早上，你可以正式向張小姐問個清楚明白。當中我有一個建議給你。」

「什麼好建議？華哥有什麼高見？」周偉傑虛心的向他請教。

華哥懶洋洋的說：「高見倒沒有。只是張小姐常常在電話裡向你『疲勞轟炸』。嘻嘻！她想必是一個潑婦，與那些電話傳銷員沒有什麼分別。她們慣於在電話裡討價還價，電話是她的『戰場』。你要好好的應付她，先要把這個『戰場』搬到電郵裡，與她『筆戰』！」

「『搬戰場』？『筆戰』？」周偉傑亦記得華哥常勸他在大事上不要立即答覆對方，更可考慮以電郵溝通，盡可能把細節交代清楚，避免在電話交談之際，有什麼遺漏。他剛才已開始在討論薪酬調整一事上發電郵給對方。可是，他卻想不到華哥竟建議他與對方打一場「筆戰」。

「對！就是『筆戰』。第一，對方的口才了得，是慣於在電話裡『傳銷』的人。在電話裡，你不是她的對手。第二，她的說話不盡不實，要她『白紙黑字』的說清楚，對你較為有利。當然，她就是寫出來的東西，也可以是假的，但至少相比說出來的事情較有保障。大原則就是你千萬不要在電話裡給她逼得緊了，而答允對方任何事。你可以接聽她的電話，也可以在電話裡向她提問，但不要在電話裡回覆她。一切事情，也得要讓你想清楚後，再以電郵答她。在重要的事情上，也應該要求對方給你一個電郵，把討論的重點寫出來，方便你一併答覆她。」華哥認真的說。

周偉傑覺得華哥所建議的甚為有理，說：「其實每次接聽她的電話，我也會心跳加速，給她嚇得方寸大亂。我真的十分無能！我可不可以不接聽她的電話，直接與她『筆戰』？」

「也不用這麼緊張。若人家致電給你，你也不一定以電話回覆，給她發送一個電郵就可以了。畢竟，你有工作在身，不方便接聽電話也是很正常的。當然，若人家堅持與你通電話，甚至要求等到你下班後致電給你，你也得要聽一聽她的電話。你要保持客氣，給人家罵你、逼你或恐嚇你等等，也不要動氣，翻來覆去的說『我明白』、『我知道』或『我聽到』等等便行了。你等到她說完之後，只要堅持不作即時的答覆，掛線後再好好想清楚才作決定便行了。」華哥再作出補充。

周偉傑問：「若我真的不想接聽她的電話？」

華哥想了一會，然後說：「最好不要完全不接聽。但你真的不想接聽，也不是不行。最重要的是，當她致電找你，你一定要在一個合理的時間內，以電郵作出回覆。大概是數小時之內罷。以我慣常的做法，我會於早、午、晚三次作出答覆。讓人家知道你是有誠意的。所謂的答覆，也不一定要是一個詳細的答案。例如，你仍可以說：『謝謝你的建議，我現在不太方便，請給我一點時間，今晚回家後才答覆你。』等等。例如在星期一早上，若她再逼迫你的話，你至少仍可在星期一的晚上才給她一個答案。雇主就是再急，也不可能連一天的時間也等不及。」

「如此甚好！」周偉傑得華哥指點，終於找到一個應付張小姐的方法，心情亦稍為平復一點。

他又說：「華哥，我真的十分無能。不過是一件小事，也處理不來。你比我出色得多。」

華哥笑說：「我也糟得很，不見得比你出色。只是你身在局內，才會亂了陣腳。你沒有聽人家說『旁觀者清』嗎？其實若身在局內的是我，我也不可能像現在這般輕鬆。」

「華哥也有這樣的經歷？難道竟會有什麼事情把華哥難倒？」周偉傑好奇的問。

華哥嘆了一口氣，似乎是在遙想往事，最後只嘻嘻一笑，說：「你明明是身在困局之內，竟仍這麼好管閒事，還有精神來問這些不相干的事情？」喝了一口「朱古力咖啡」，又道：「其實每個人也會有煩惱，我當然也不可能例外。所以你也不用太過妄自菲薄，局中人當然會緊張一點。累積經驗後，若再遇上相近的情況，便不致手忙腳亂。放開一點罷！」始終沒有透露自己曾遇上什麼解決不來的局面。

二人說完這件事之後，也談了不少瑣事，最後更相約星期二晚於泰拳館內見面。沒多久，便掛斷了電話。

周偉傑躺在床上，心裡仍是思潮起伏，無法安靜，忽聽有人開門進屋，原來是父母回家。

他是家裡的獨子，父母亦對他甚為鍾愛。可是，二人都並非從事金融業，讀書不多，現在又已退休，很難給予他什麼意見，他亦甚少與父母討論工作相關的事情。二人亦不曉得兒子今早去了面試，更不知他請了假，逗留在家中半天。

他房間的門並沒有關上，但父親仍是敲了門，才緩緩的走進來。他的父親一頭白髮，紅光滿臉，笑容可親，一望而知，是一個忠厚長者。他好奇的問：「現在才不過是七時半，你這麼快便回家？星期五晚，沒有約嘉儀去逛街嗎？」

周偉傑說：「爸爸，嘉儀今晚要加班。我……我剛才去了面試。」才把事情簡單的向父親交代了一遍。

父親聽完以後，便說：「好好想清楚罷。若雇主可以通融的話，當然是好。但若然不行，也沒有辦法。額外花紅是你應得的，還有不過數星期，按道理亦應該收到花紅後才辭職。當然，若你覺得這是一個難得的機會，也可以一試，只要將來不要後悔就是了。」他不敢替兒子拿主意，說法有點模稜兩可。過了一會兒，他繼續說：「工作的事情，也不用太緊張。我們家裡雖然談不上富有，但也還算過得去，不用你去『憂柴憂米』。無論如何，你也不用擔心，這份工作談不來，也可以再找另外一份，各人的際遇不同，也不用與他人比較。慢慢來罷！我與你媽媽先去準備晚餐，待會兒一起吃晚飯，好嗎？」

雖然父親並沒有說出什麼獨到的看法，亦無具體的建議，但周偉傑與他交談後，心情也好了一點，聽他提議一起吃晚飯，便問：「家裡有飯吃嗎？你們不知道我回家，沒有準備我那份罷？」原來他這年間已甚少於平日與兩老吃飯，星期五晚更大都不在家。

父親笑說：「當然夠！你先休息一下罷。時候不早了，我們也要快點準備晚飯了。」

周偉傑與父母吃過了晚飯，也沒有再和他們談什麼，只獨個兒的躲在房間裡。

他的心緒不寧，嘗試把新工作的事情擱下，暫時不去想它。他靜靜的以電腦上網，瀏覽新聞及各地資訊，也順便打開了「面書」，查看一下朋友的「近況」。過了一會兒，又躺在床上休息。可是，無論他做什麼，心裡仍是那幾個問題：「到底應否為了新工作而放棄將要到手的花紅？新雇主等不來，還是張小姐自己的主意？若我放棄了這個機會，又要等多久才有第二次？私募基金的前景到底是好是壞？」無論他怎樣努力的嘗試暫不去想，不自覺間，這幾個問題，又會浮現在腦海裡，實感煩惱非常。

他往「鬧鐘」一看，才知原來已是凌晨一時。他仍無睡意，又想起下星期一前，要寄一封電郵給張小姐，便開始為這場「筆戰」作好準備。他文筆不差，平時又慣寫報告，一封簡單的電郵，本來難不到他，但現在心情低落，竟不知如何下筆，反覆的寫了幾篇，才勉強完成了這份草稿：

收件人 張小姐　　副本

關於新工作之上任時間安排

張小姐：

關於新工作之上任時間安排

據你在電話裡所說，雇主一方，希望我盡快上班，限期是兩至四個星期內。可是，我還有五個星期左右，亦即是農曆新年假期前夕，便會收到額外花紅。請問雇主可否考慮多等我一個星期？勞煩張小姐替我向雇主說情。

此外，我亦有一些事情，希望張小姐可以幫忙：

一、我希望知道，為何雇主這麼著急，要我立刻上班？公司內部是否有什麼特別的安排？

二、可否替我聯絡直屬上司，我希望可以親自向他說清楚，以表誠意。

謝謝張小姐一直以來的幫忙。只要雇主替我賠償「通知金」，我便能夠在收到花紅之後立即辭職。如無意外，我可以將於農曆新年假期後上班。其實相比雇主的要求，亦只是差了幾個工作天，希望張小姐替我向雇主解釋清楚。感激萬分！

還有，我這個星期將會很忙碌，無法在電話裡跟妳詳談。為了作進一步的商討，希望妳可以在電郵上與我溝通。我亦會盡快回覆妳。謝謝！

周偉傑謹啟

二零一三年一月七日

送出

張小姐：

關於新工作之上任時間安排

據你在電話裡所說，雇主一方，希望我盡快上班，限期是兩至四個星期內。可是，我還有五個星期左右，亦即是農曆新年假期前夕，便會收到額外花紅。請問雇主可否考慮多等我一個星期？勞煩張小姐替我向雇主說情。

此外，我亦有一些事情，希望張小姐可以幫忙：

一、我希望知道，為何雇主這麼著急，要我立刻上班？公司內部是否有什麼特別的安排？

二、可否替我聯絡直屬上司，我希望可以親自向他說清楚，以表誠意。

謝謝張小姐一直以來的幫忙。只要雇主替我賠償「通知金」，我便能夠在收到花紅之後立即辭職。如無意外，我可以將於農曆新年假期後上班。其實相比雇主的要求，亦只是差了幾個工作天，希望張小姐替我向雇主解釋清楚。感激萬分！

還有，我這個星期將會很忙碌，無法在電話裡跟妳詳談。為了作進一步的商討，希望妳可以在電郵上與我溝通。我亦會盡快回覆妳。謝謝！

周偉傑謹啟

二零一三年一月七日

他把電郵看了很多遍，仍是不大滿意，只覺這封信的結構上好像有點混亂，亦反映了此刻的心情。可是無論如何，亦把兩大重點說了出來。其一，是希望可以瞭解雇主為何這麼焦急，並爭取與他們對話；其二，則是表明自己對那將要到手的花紅相當重視，希望雇主可以多等一個星期。此外，他每次接聽張小姐的電話，亦感到有很大的壓力，因此不願再於電話裡跟她糾纏，並要求對方以電郵聯絡。他按照習慣，並沒有立即把信件寄出，只把之儲存在電郵的「草稿箱」之內，打算於星期日深夜時分再看一遍，把事情想清楚後，才把電郵寄出。張小姐便會在星期一早上收到電郵，所以信件的日期，已預先寫上「一月七日」。

完成這份稿件後，已是凌晨兩時。

他躺在床上，嘗試闔上眼睛一會兒。可是，滿腦子仍是關於這個工作機會的事情，不由自主的胡思亂想，始終睡不著。直至一大清早，才開始進入夢鄉。

不知過了多少時候，糢糢糊湖之間，忽聽到一把甜美的女子聲音在叫他：「偉傑，時候不早了，你快起床罷！」

他從睡夢中醒來，見到一個女孩子正坐在床邊。這女子不過二十五、六歲年紀，身材纖瘦，秀髮垂肩，睫毛甚長，雖只是輕施薄粉，但臉容甚美。她眉目間仍帶有一些稚氣，似笑非笑的看著他，不是女友嘉儀是誰？

他輕輕的揉了雙眼一下，想起不久之前才夢見她，隨口的問：「我在做夢嗎？」

只見一隻才不足三個月的小貓卡布在籠子裡，不停的叫：「喵！」卡布是英國短毛貓，一身淺啡色，四肢粗壯，貓頭又大又圓，雙眼黑如點漆，甚得人歡喜。

四、限期

「一個做夢的人，又怎會懷疑自己在做夢？」嘉儀跟他開玩笑起來。

原來嘉儀早與周偉傑約好，於星期六下午在他的家裡見面。二人拍拖多年，若周末沒有什麼特別節目的話，便會相約在他家裡相聚。周偉傑的父母經常不在家，就是兩老回來，只要他關了門，二人都不會進來打擾，讓他們在房間裡享受二人世界的時光。

周偉傑一看鬧鐘，才卸原來已是下午兩時，歉然的說：「不好意思，今天本是約了你吃午飯的，但我太累了，竟睡至『天昏地暗』。」

嘉儀溫柔的一笑，說：「你也不是第一次睡過了頭，所以我們才相約在你家呢！」她性格十分隨和，剛才曾致電給他，發覺手提電話接不通，知他一定仍在家裡睡覺，便致電給他父母。二人讓她進屋以後，都已外出與朋友品茗，獨留他們在家。她起初不敢驚醒了周偉傑，只靜靜的坐在床邊。等到已是下午兩時，才嘗試輕輕的叫他起床。

周偉傑一伸懶腰，說：「我們先去吃點好東西！」

嘉儀笑說：「你是說在茶餐廳附近的那間西餐廳？」城市花園附近的店舖，大都專做「街坊生意」。茶餐廳、冰室、酒樓或各式小食店不少，但高級的餐廳並不多。周偉傑所說的「好東西」，正是一間意大利西餐。那間餐廳的食物雖然美味，但價錢偏貴。可是，在午餐時段的收費仍算合理，二人經常都會等到星期六、日的下午才光顧。

「不用了，我已買了外賣，是你最喜歡的茶餐廳『常餐』呢！」原來嘉儀早已買了午餐上來。

周偉傑微一皺眉，心想：「我昨天才吃完那個『常餐』……」但亦感激嘉儀的一番心意，略為梳洗一下之後，便與嘉儀在飯廳裡吃午飯。

二人一邊吃，一邊談，周偉傑說起與張小姐「交手」之事。

嘉儀說：「若處理不來，倒不如忘記這個工作機會罷！無論是獵頭顧問的意思，還是雇主的主意，你也有自己的原則。若還有兩、三個月才收到花紅的話，人家不願意等，是可以明白的。可是，現在只有數個星期。而且，臨近歲晚，就是你提早上班，大部份公司都是一片節日氣氛了，也不見得可以有什麼作為。」

「可是，若放棄了這個機會的話，也不知要等到何時了。」周偉傑嘆道。

嘉儀一搭他的肩頭，笑說：「我對你有信心。你一定會找到新機會的。農曆新年假期後，『音樂椅』又再響起；傳統以來，都是轉換工作的大好機會。就是最後找不到新工作，留在華資銀行裡多一、兩年，也不是什麼壞事。」

「若不再走的話，薪金的升幅有限，我們結婚的大計也要推遲呢！」周偉傑無奈的說。

嘉儀想了一會，搖頭說：「一件事還一件事。我們年紀尚輕，就是遲些才結婚也行。而且，結婚的儀式也可以很簡單，也不用太花錢。若樓價仍不回落的話，我們先租一個地方暫住也行。要不然，你家裡有地方，我搬過來同住就是了。多等數年，儲蓄多些錢才買樓亦無不可。」

「妳不介意麼？」周偉傑輕輕握著她的手說。

嘉儀笑說：「當然不介意！其實我們已比很多人幸運。在銀行界來說，我們只能算是初哥，薪酬當然是較低的一群。可是，相比其他行業的人來說，已算是很不錯了。至少比政府公佈的『入息中位數』高呢！」

「唉！可是，金融業正走下坡，前景如何，也難說得很！我們的薪金一點也不高，但卻不算太低，政府的所有房屋優惠政策，都沒有我們的份兒！樓價高企，我們這一群才算是真正的受害者呢！」周偉傑無奈的說。

他忽然記起嘉儀曾說有獵頭顧問找她，便問：「那個獵頭顧問，介紹什麼工作給妳？」

「喵！喵！」忽然之間，屋內竟有貓叫聲。

嘉儀輕輕的伸了舌頭一下，不好意思的說：「我倒忘了。我媽媽對貓毛敏感的情況越來越嚴重，家裡真的不大方便養貓。『卡布』只好暫住在你家了。」原來嘉儀十分喜歡貓。兩星期前，周偉傑與嘉儀逛寵物店，嘉儀看中了一隻貓，便買回家收養，取名「卡布」。可是嘉儀發覺母親對貓毛敏感。二人商量過後，便決定多等一個星期，若嘉儀之母真的難以適應的話，便由周偉傑負責飼養。他父母都十分喜歡卡布，於多年前亦曾收養過一隻貓。二人現在已退休，閒來無事，知道兒子想收養卡布，當然是欣然接受。

周偉傑往客廳一看，才見到『梳化』之旁，有一個寵物籠，以白布蓋著。剛起床不久，睡眼惺忪，白布又與家裡的一片以白色為主的傢俬及裝修甚似，因此沒有發覺，望著寵物籠，輕輕喊：「卡布？」走過去掀開白布，只見一隻才不足三個月的小貓卡布在籠子裡，不停的叫：「喵！」卡布是英國短毛貓，一身淺啡色，四肢粗壯，雙眼黑如點漆，甚得人歡喜。

「牠餓嗎？」周偉傑問。他認為卡布除了肚餓之外，應該不會叫得這麼厲害。

嘉儀搖頭說：「不是，剛才已餵了貓糧。牠還是一個小孩子，對周遭的事物十分好奇，不想困在籠裡。」原來寵物店給予他們建議，要他們把小貓困在籠裡至少一個月，閒時與牠玩耍，或餵飼貓糧時，才放牠出籠，最後才慢慢的把籠收起來。一來小貓尚未發育完成，任牠在家裡亂闖或會有意外，二來是要牠知道規矩，不要破壞家傢俬擺設，更要好好的訓練牠，使牠不會走進廚房或睡房之內搗亂。

周偉傑笑說：「就是長大了，對身邊的物事不再好奇，也不願困在籠內呢！我亦不願被困在華資銀行裡，讓那些老人家看守著。吃完飯後，把牠放出來玩一會兒罷！」

周末的時間過得很快，周偉傑與嘉儀，不是留在家裡玩貓，便是外出吃飯逛街。轉眼間，已是星期日的深夜。他坐在電腦之前，又要面對轉工作之事。他打開了檔案，把早前預備好的稿件，看了一遍又一遍。

「若張小姐不允，那怎麼辦？要是雇主親自表態，要我立即上班，那怎麼辦？」周偉傑坐立不安，反來覆去的，都是想這些問題。雖然從理性層面上，他已決定等至收到花紅後才辭職，但在感性上，若人家不答允，怎樣亦難以開口推掉這份工作。他亦給這個煩惱弄得有點納悶。可是，身在局內，實在難以釋懷，甚至乎把郵件寄出去的勇氣力也沒有。

他走出客廳，坐在「梳化」之上，看著在籠裡的卡布。牠又是「喵」的一聲，見周偉傑沒有打開籠，只好繼續垂頭喪氣的躺在寵裡的紙盒上，樣子剎是惹人憐愛。

「卡布！到底我應否放棄那兩個月的花紅？」他走近籠邊，竟向卡布說起心事來。

卡布見他走近籠邊，又即站起來，「喵」的一聲，似乎以為他會把閘門打開。

「很想走出這個籠嗎？就是我開了門，你不再困在這個籠了，亦依然是被困在這個家裡。我的家雖然比寵物籠大得多，但其實也是一個籠。就是給你逃離我家，走到出去。這個世界，無論有多大，也不過是一個大籠而已。你在籠內又好，籠外也罷，一樣是在『坐牢』，明白麼？」他和卡布講的話，不過是由心而發，隨口說出。但自己也覺得似乎含有一點深意，暗想：「卡布在籠裡悶慌了，當然以為籠外的世界較吸引，對家中的每一個角落都感到好奇。可是，等到將來，不用困在籠裡了，便會覺得家裡的一切不外如是。走出家門嗎？牠一定會餓死。就是找到垃圾吃，也會給街貓欺負。唉！現在於華資銀行工作，當然認為私募基金的工作更吸引。我當年由核數師樓轉投至銀行，也不是曾這樣認為嗎？」他漸漸已有了決定。其實這道理不難明白，亦早已想通，心下更不知重覆的想過多少遍，只是這間私募基金的工作機會實是太吸引，教人難以取捨。

他又想：「我在華資銀行是『坐牢』，到私募基金裡也是『坐牢』，分別會有多大？值得以六萬元來交換嗎？區區一個機會，值六萬元嗎？」不禁讓他想起華哥戲稱轉換工作不過是一個『轉換地獄』的過程。

在這一刻，他越想越是清晰，漸漸下定決心來，回到房間，坐在電腦之前，狠狠的按了鍵盤，把電郵寄出。見時候已不早，便上床去睡。

可是，他在床上仍是輾轉反側，心裡只不停想著一個問題：「不知張小姐會怎樣回覆我？」

星期一的早上，周偉傑帶著疲累的身軀上班。他於銀行的企業融資部門工作，辦公室設在灣仔區的總部，從地鐵站步行過去，不過是十分鐘左右，也算十分方便。

辦公室之內的裝修甚為殘破簡陋，地毯更已有輕微發霉之象，工作間的距離僅容得一人走過，大部份員工的桌子亦只有約三呎多長。辦公室都貼滿了「保障客戶私隱」的宣傳海報，但偏偏眾人的桌子上，卻把客人的檔案夾亂放，可謂堆積如山。部份資料更與舊報紙混在一起。銀行為了節省成本，在裝修及一般管理的資源上，都投放在各分行裡，因此辦公室變得「日久失修」，與分行的落差甚大。

周偉傑如常的見到大部份年近半百的同事們，不是在「茶水間」沖咖啡，便是在工作間裡看報紙。他嗅到那種濃烈的黑咖啡味道，再看到眾人把報紙翻來覆去的情況，不禁有點反感：「有這麼多種咖啡好喝，又為何要喝黑咖啡？就是喝黑咖啡，又為何要買這種廉價牌子？就是我沒有喝，單是從傳來的氣味，也能知道這些咖啡酸得很，根本不適合用來沖黑咖啡。」其實他對咖啡雖然有一點研究，亦曾學過沖咖啡，但絕對談不上是專家，只是在公司裡的日子久了，見到那些自以為是的老前輩，他們做什麼也是看不順眼，又想：「每天也浪費公司的金錢，在這個年代還看報紙，還要公司替他們訂閱！為什麼不上網看新聞？」

忽然之間，手提電話響起來，依舊沒有「來電顯示」，現在才是九時正。

他一聽到手提電話響起，一顆心就像是跳了出來一樣，他飛快的接聽電話，只「喂」的一聲，便不再說話。在公司裡談這事，實在不大方便。

「偉傑，是我，張小姐，你不方便嗎？」張小姐只從一句說話，便已猜到他此刻不甚方便，亦不願多談。

周偉傑只答了一句：「是的！」暗怪張小姐對自己的要求毫不理會，並沒有以電郵與他溝通，更一早致電給他。

「不方便不打緊。你只管聽就行了。」張小姐懶理對方的感受，竟無掛斷電話之意。

她不等周偉傑答覆，便說：「我已問過對方的人事部，更廢了我不少唇舌，他們不可能等這麼久。偉傑，機會不是經常也會出現的，若你要把握這個黃金機會，除了放棄花紅之外，已無其他方法了。雇主希望你盡快上班，要你及早作出決定。」語氣依舊帶著一股教人難以拒絕的威嚴。

周偉傑已開始看穿張小姐的把戲，心裡暗想：「我昨晚深夜寄出電郵，妳今早才看到，竟能立刻與雇主通電？我曾問過雇主，他們的工作時間由早上九點至下午六點。直屬上司亦曾明示，若工作做不完，晚上當然要加班，但他們亦不會介意員工在早上因交通擠而略為遲到。由此推論，私募基金的工作文化之下，員工未必會在九時正便安坐在工作間裡接聽電話。張小姐不大可能在九時之前便找到雇主。就是真的通過電話，也肯定沒有『廢了不少唇舌』。嘿！她根本從來沒有為自己向雇主爭取過什麼！」越想越是不高興，只「嗯」的一聲，便不再說話。

「那麼，你是答允了？」張小姐的聲調忽然提高了一點，甚是刺耳。

周偉傑說：「我明白你的意思。」只依著華哥教他的「建議對白」，什麼也不再說，更加不會在電話裡應承她什麼。他心裡暗罵：「我在電郵裡，已要求與雇主對話。為什麼她毫不理會我的請求？我更已解釋，只須多等我一個星期，就是雇主不願意，也有一個理由罷？」覺得張小姐根本毫不理會自己的要求，只會為自己打算。

「『你明白我的意思』是什麼意思？」張小姐越說越急，態度也變得不友善起來。

周偉傑得華哥指點後，只依像葫蘆的說：「不好意思，我差不多要開會了。麻煩你給我一個電郵，我們再談罷。」聲音壓得很低，雖然沒有說什麼，始終生怕鄰座的同事，會從電話的對答中猜到他有轉工作的意圖。不等張小姐答覆，只再說一聲「謝謝」便掛斷了線。

他深呼吸一下，便打開公司的電郵，從抽屜內取出客戶的資料檔案、信貸紀錄及財務報表等等，把一個又一個的檔案夾放在桌上，便開始埋首工作。他雖然不用開會，但星期五告假後，自然會有一大堆工作要處理。

只忙了兩個小時左右，手提電話又再次響起，屏幕裡，並沒有「來電顯示」。

他心頭一震，知是張小姐，暗想：「為何她們這間公司的電話，竟始終沒有『來電顯示』？難道就是要我們這些應徵者非聽不可嗎？」狠下決心，把電話掛斷了線。他知道雇主既然已看中了他，一定程度上，自己的位置較為有利，只須要求不過份，獵頭顧問要完成交易，亦理應盡量配合。張小姐雖然態度囂張，但其實不過是裝腔作勢罷了。而且，既然她沒有「來電顯示」，自己拒絕接聽，亦不算是理虧。

又過了一小時左右，大約是中午十二時，手提電話又再次響起，這次終於有「來電顯示」，更是張小姐的「直線電話」。她第一次接觸周偉傑，就是以這個直線號碼致電給他。及後，在張小姐的電郵裡，亦偶然會留下這個直線電話。周偉傑對私募基金的工作機會十分重視，更把張小姐的電話號碼儲存到手提電話裡。她終於沒有再隱藏自己的號碼，與之前的來電不大相同，似乎當中的分別，是張小姐暗示了：「這個電話，你是非接聽不可的！」

周偉傑聽到鈴聲，看著手提電話，只感壓力重重，暗想：「她就是不肯以電郵與我溝通！這是什麼原故？嘿嘿！就正如華哥所講，她口才了得，電話才是她的『戰場』，而且口講無憑，可讓她胡說八道。她怎樣也不願『白紙黑字』的跟我交代清楚。所以她說什麼也不願『搬戰場』！不肯與我『筆戰』！」想通了此節，又明白自己暫時在這件事上的優勢，便再一次按了手提電話的屏幕一下，直接把來電掛斷了線。

過了一會兒，周偉傑收到一個「留言」。他知一定是張小姐，便聽聽她說什麼。

「偉傑，不好意思，我知你很忙。但這是一個千載難逢的機會，雇主要你立即答覆，麻煩你在午膳時間致電給我罷！」張小姐依然拒絕以電郵溝通。

周偉傑看清來對方之面目後，越來越是堅定，記得華哥給他的叮囑，便簡單的以手提電話寫了一個電郵給張小姐：

張小姐：

關於新工作之上任時間安排

妳好！謝謝妳的來電。勞煩張小姐替我向雇主溝通。

簡單的總結一下，我有以下兩個請求：

一、我希望知道為何雇主這麼著急，要我立刻上班？公司內部是否有什麼特別的安排？

二、可否替我聯絡老闆，我希望可以親自向他們說清楚，以表誠意。

只要雇主賠償我的「通知金」，我便可以在收到花紅後立即辭職，亦即於農曆新年假期之

收件人 張小姐 副本

關於新工作之上任時間安排

張小姐：

<u>關於新工作之上任時間安排</u>

妳好！謝謝妳的來電。勞煩張小姐替我向雇主溝通。

簡單的總結一下，我有以下兩個請求：

一、我希望知道為何雇主這麼著急，要我立刻上班？公司內部是否有什麼特別的安排？

二、可否替我聯絡老闆，我希望可以親自向他們說清楚，以表誠意。

只要雇主賠償我的「通知金」，我便可以在收到花紅後立即辭職，亦即於農曆新年假期之後上班。其實相比雇主的要求，亦只是差了幾個工作天，希望張小姐替我向雇主解釋清楚。謝謝！

不好意思，工作繁忙，午膳時間亦要與客人吃飯，麻煩請以電郵溝通。

周偉傑謹啟

二零一三年一月七日

送出

後上班。其實相比雇主的要求，亦只是差了幾個工作天，希望張小姐替我向雇主解釋清楚。謝謝！

不好意思，工作繁忙，午膳時間亦要與客人吃飯，麻煩請以電郵溝通。

周偉傑謹啟
二零一三年一月七日

其實這一個電郵亦與昨晚寄給她的差不多，志在逼張小姐在電郵上逐一解答他的問題，此外，他亦希望張小姐真的向雇主說清楚自己的請求，或安排他與雇主直接對話。他信口胡謅，稱自己要與客人吃飯，便即把拒絕接聽電話的事情交代得合情合理。在「電郵世界」裡，不用在電話裡被張小咄咄相逼，多了一點餘裕，他便即「聰明起來」，可謂判若兩人。

他寄出電郵後，便獨自一個人去吃午飯。

他今天本來約了在附近工作的一班好友，都是中學時代的同窗，但他心情極差，便推掉了這個約會。只獨個兒的在告士打道逛，信步所至，走入了一間名叫「路易斯餐室」的餐廳。這間餐廳位於一幢舊式商業大廈的一樓，已有至少二十年的歷史，是一間以「港式西餐」為主的餐廳，但亦有一些較西化的菜式，任君選擇。由於地點方便，價錢相宜，已成為附近好幾間華資銀行的「飯堂」。他一走進去，便見到幾個不算熟絡的同事正坐在一起，不欲打招呼，便裝著沒看到一般，靜靜的坐在一個角落裡。

他隨便點了一個「焗豬排飯套餐」後，只等了幾分鐘，侍應即奉上餐湯及麵包。他剛剛喝了兩口餐湯，手提電話忽然震動起來，原來剛收到一個短訊。

「偉傑，我剛寄了一封電郵給你，麻煩你盡快回覆。你已沒有多少時間，機會是不等人的！」就是在短訊裡，張小姐的用字也是毫不客氣，只一、兩句說話，便即向周偉傑施壓。

周偉傑只簡短的回覆：「謝謝！稍後再談。」沒有再留下其他說話。

然後，他以手提電話打開了電郵：

偉傑：

請為長遠事業發展，放棄額外花紅

非常不幸的，雇主不可能等你這麼久！雇主希望你可以盡快上班，如果可以的話，他們希望你下星期便上班。所以，你別無他選，只能放棄你的額外花紅。

表面上看來，你似乎是有所損失，但長遠來說，你是有所得著的：

一、雇主是一間歷史悠久的歐資私募基金，規模龐大。財務分析員更是一份你一直以來希望得到的工作。這是一個讓你轉換行業的黃金機會，對你事業的發展至為重要，更可以擴闊你

收件人 周偉傑　　副本/密件副本

請為長遠事業發展，放棄額外花紅

偉傑：

<u>請為長遠事業發展，放棄額外花紅</u>

非常不幸的，雇主不可能等你這麼久！雇主希望你可以盡快上班，如果可以的話，他們希望你下星期便上班。所以，你別無他選，只能放棄你的額外花紅。

表面上看來，你似乎是有所損失，但長遠來說，你是有所得著的：

一、雇主是一間歷史悠久的歐資私募基金，規模龐大。財務分析員更是一份你一直以來希望得到的工作。這是一個讓你轉換行業的黃金機會，對你事業的發展至為重要，更可以擴闊你的眼光，實是不容有失。這是一個千載難逢的機會。我有責任提醒你，機會不是經常有的，若今次你放棄了，將來肯定不會再有類似的機會。

二、你雖然少收了六萬元的花紅，但卻可能會得到的月薪是四萬四千元，比你現在多一萬四千元。只要你在新公司工作約四個月左右，便可以「回本」。短期雖有損失，但中、長期來說卻有得著。你應該考慮長遠的事業發展，不應這麼短線！我較早前有一個客人，情況與你差不多，他為了一份新工作，放棄了二十萬元的花紅呢！其實這種取捨，是很正常的，很多人也會經歷過，你應該參考他們的做法，為了事業，作出英明的決擇。

三、若成功爭取到四萬四千元月薪，亦即等同月百分之四十七的升幅。這是十分驚人的。近來經濟不景氣，所有公司都不願意高薪挖角，我可以跟你說，只有這個雇主，可以給予你這種優厚的條件！若你錯過了這個機會的話，便不可能再有下一次了。

四、你亦應該清楚，還有數個星期便是農曆新年。傳統以來，勞工市場在假期前後都會十分淡靜。現在經濟不景氣，明年的情況或許會更差。若你放棄這份工作，在未來的日子裡，恐怕連面試的機會也沒有，為了區區六萬元而放棄唯一的機會，實屬不智。

五、轉換行業的機會不多，你現在已三十歲，若錯過了的話，你將來想再轉投另外一個行業只會更難。等到那時，雇主見你年紀不輕，還當了多年的客戶經理，又怎會讓你嘗試做財務分析員？

看完這封電郵後，請你盡早致電給我。

張小姐

二零一三年一月七日

送出

的眼光，實是不容有失。這是一個千載難逢的機會。我有責任提醒你，機會不是經常有的，若今次你放棄了，將來肯定不會再有類似的機會。

二、你雖然少收了六萬元的花紅，但卻可能會得到的月薪是四萬四千元，比你現在多一萬四千元。只要你在新公司工作約四個月左右，便可以「回本」。短期雖有損失，但中、長期來說卻有得著。你應該考慮長遠的事業發展，不應這麼短線！我較早前有一個客人，情況與你差不多，他為了一份新工作，放棄了二十萬元的花紅呢！其實這種取捨，是很正常的，很多人也會經歷過，你應該參考他們的做法，為了事業，作出英明的決擇。

三、若成功爭取到四萬四千元月薪，亦即等同月百分之四十七的升幅。這是十分驚人的。近來經濟不景氣，所有公司都不願意高薪挖角，我可以跟你說，只有這個雇主，可以給予你這種優厚的條件！若你錯過了這個機會的話，便不可能再有下一次了。

四、你亦應該清楚，還有數個星期便是農曆新年。傳統以來，勞工市場在假期前後都會十分淡靜。現在經濟不景氣，明年的情況或許會更差。若你放棄這份工作，在未來的日子裡，恐怕連面試的機會也沒有，為了區區六萬元而放棄唯一的機會，實屬不智。

五、轉換行業的機會不多，你現在已三十歲，若錯過了的話，你將來想再轉投另外一個行業只會更難。等到那時，雇主見你年紀不輕，還當了多年的客戶經理，又怎會讓你嘗試做財務分析員？

看完這封電郵後，請你盡早致電給我。

張小姐

二零一三年一月七日

周偉傑看了一遍又一遍，發覺張小姐根本毫無誠意，並完全沒有回應自己的要求，為何雇主不願多等一會兒？到底張小姐會否讓他與雇主直接對話？就是雇主不願多等一會兒，是真也好，假也罷，至少也應該說一個冠冕堂皇的理由來敷衍他。就是張小姐懶理周偉傑的要求，或不願他與雇主直接交代清楚一切，最低限度也應該編一個大話出來推搪他。可是，張小姐盛氣凌人，連這些鬼話也懶得說，只在電郵裡堅持己見，說了一大堆理由來說服自己放棄額外花紅，立即辭職。他甚感不忿：「嘿嘿！『非常不幸的』？難道妳用上這些字句便可把我嚇倒？還在我面前計算得失？這可不是班門弄斧嗎？難道怎樣『回本』我也不懂麼？我那兩個月的額外花紅將會是永遠的損失。而且，我對新公司一無所知，它們的花紅金額是否穩定，仍是未知之數！當中的風險，妳又偏偏略去不提！人家放棄了二十多萬元花紅又怎樣了？他所失去的，就一定比我多？可能二十多萬元的花紅，不過是等於他一個月的薪金罷！或許他是為了一份數百萬元年薪的工作去放棄二十多萬元的花紅。此外，可能他還有數個月後才收到花紅，或花紅的金額根本不穩定。又是來這一套，亂舉例子，就能證明我理虧嗎？無論如何，某一個人的決擇，跟我何干？」

他喝了一口湯，心裡又暗罵：「獵頭顧問說服人的方法都是千遍一律，這麼多年來也沒有進步過。說什麼『這是一個千載難逢的機會』、『放棄了，肯定不會再有這個機會』和『只有這個僱主，可以給予你這種優厚的條件』云云，重點是把眼前的機會說成是唯一的希望。太多經紀說過這些大同小異的謊話了，就是上網隨便『搜尋』一下，便可以輕易找得到。今時今日，就是要做『老千』，也得要好好進修，加進多點創意才行。」得華哥點醒，即能看穿獵頭顧問的種種鬼魅技倆，便不再像較早前般給她弄得方寸大亂。

可是，他再細閱電郵一遍，又即擔心起來：「據她所說，僱主現在希望我下星期上班，而不是兩至四星期後！這倒底真是僱主的意思，還是她胡說八道？」正自沉思間，一客「焗豬排飯」已放在桌上。他邊吃邊想：「她可能是為了增強自己的說服力，所以把所謂『兩至四星期』的限期，改為『下星期』。若僱主本想我下星期上班，而我又要收到花紅才辭職的話，他們便要等我四星期了，不再是只等一周。到底這是她自己的意思，還是僱主的意思？嗯！若她不是得到僱主的明示，大概不會忽然說出限期！」他想到獵頭顧問可能為了一己之私而迫他及早辭職之後，立場便開始強硬起來。因為他深信，若這不過是獵頭顧問的主意，只須堅持到底，張小姐無可奈何之下始終會屈服。可是，若這真是僱主的意思的話，種種疑惑，又再纏擾著他：「為什麼僱主會忽然變得這麼沒有耐性？難道內部的人手真的這麼短缺嗎？還是僱主亦害怕夜長夢多，擔心我拿到花紅後出爾反爾？」

正自煩惱間，有一個年紀老邁的侍應走過來，笑問：「今天的『焗豬排飯』還過得去嗎？」這裡的侍應生的年紀都較老，態度也很友善，常與客人打成一片。周偉傑是熟客，平時也會與一眾侍應閒話幾句。那侍應見他獨自在吃飯，便走過來跟他聊天。

「很難吃！比『大記』的還難吃！」周偉傑一邊吃，一邊夾纏不清的說。他口中的「大記」，正是香港一間連鎖式經營的快餐店。「焗豬排飯」向來是那間快餐店的「招牌菜式」。

那年老的侍應生微微一怔，說：「什麼？」

周偉傑從沉思中回過神來，才知自己失言，笑著說：「我是說『大記』的『焗豬排飯』很難吃。這兒的好吃得多！嘻嘻！」心裡卻想：「這焗飯太乾，豬排只得幾件，味道也不怎麼樣，似乎水準跟『大記』差不多，價錢卻是兩、三倍以上。」他知老人家的聽力不佳，胡說八道一番，便可打圓場。他心中隱隱覺得：「為何我們這個社會，說話和做事也不能夠直接一點？難吃便難吃，我又何必要改口？為什麼雇主與我中間，要隔著一個獵頭顧問？難道雙方真的不可以直截了當的洽談條件，只能靠一個中間人來傳話嗎？」一直以來，他都相信獵頭顧問會促進溝通，很多不方便直接問雇主的事情，都可以經他們來傳達，那會想到有今時今日這個局面？

他吃完午飯後，即回到公司。他知道雇主既然有意聘請，張小姐雖是咄咄相逼，要他盡早致電給她，但「投鼠忌器」之下，也拿他沒法子。只要推說工作繁忙，無法回覆電話便行。只要自己及時以短訊或電郵保持聯絡就是了。

他回覆張小姐之前，把她的電郵轉寄了給華哥，希望他可以幫忙分析一下。本來電郵裡記有薪金這些較私人的資料，不應傳送給其他人，但他向來對華哥十分信任，亦絕不介意他知道。華哥已即時傳來訊息，叫他在大約半小時後致電給他。等到兩時半左右，他靜悄悄的從「後門」走出公司，躲在「後樓梯」裡，確保附近無人後，才打電話給華哥。

「你認為這是張小姐的意思，還是雇主的意思？」他還把張小姐在電話裡所說過的話，全都轉告了華哥。

華哥想了一會，說：「很難說。她始終沒有讓你跟雇主直接溝通，可能還隱瞞著一點事情，不願你或雇主知道。當然，盡量把雙方分隔開，也是獵頭顧問的慣常做法。但她這麼堅持，希望你盡快上班，亦有可能是雇主的意思。只是『下星期上班』的一句，加上『如果可以的話』，亦即是說，這不過是一個假設罷了。她始終沒有斬釘截鐵的說出一個日子，表示她根本不知真正的限期。若雇主真的給予她指示，她可代為轉告便行，又何必說『如果可以的話』？我估計雇主並沒有真的說出一個限期，如之前的估計一樣，大概也只說過『越早越好』之類的話。此外，她只是自說自話，不見得是覆述雇主的原話。雇主要你盡快上班，多半會給予你一個具體的時間，或許會向你解釋原因，不會說『你別無他選，只能放棄你的額外花紅』云云。你何時上班才是雇主關心的，你放不放棄花紅，他們可毫不在乎。因此，這句說話，是從張小姐勸諫你的角度出發，應該不是雇主的意思。」他細讀對方的一字一句，且分析得甚是仔細。

「正是！你所說的很有道理！一切也是張小姐在逼迫我！那麼，雇主其實不是真的這麼急不及待罷？」周偉傑多日以來，給張小姐玩弄於鼓掌之間，已開始有點不煩耐，在心裡早已認定她只管搗亂，什麼難題也是她一手造成的。

「臨近歲晚，按理說，雇主不會這麼著急。除非內部有一點問題罷。」華哥雖然認為張小姐並不可靠，但始終不排除雇主亦有著相同的想法。

周偉傑亦有這樣的擔心，但刻下無法直接與雇主對話，暫時不可能再得到任何相關的消息。

華哥繼續說：「讓我感到意外的，就是張小姐連討價還價的功夫也省掉。雖然經濟不明朗，一般雇主都不會過份進取，未必會願意給你『加盟費』。但這或許亦是沒有辦法之中的辦法。就是在你的職級內沒有這麼的安排，若然你的直屬上司真是十萬火急的話，或許仍可以提交『特別申請』，給予你『加盟費』。但這種『特別申請』不一定成功，也牽涉額外成本。獵頭顧問大都會先與你討價還價。例如，你的額外花紅是兩個月左右，雇主便嘗試補償你一個月，且看看你是否願意。無論要你立刻上班是張小姐意思也好，還是雇主的想法也罷，我相信雇主真的不願意給你『加盟費』。這可能代表公司在聘請的機制上較保守，甚至代表私募基金一方，在控制成本方面也很執著。當然，它們亦可能已有後備人選，所以張小姐便斷言拒絕。畢竟，既然雇主急於聘請，這是它們的需要。原則上，你的所有損失，都應該由雇主負責。就是因成本或機制問題而不能作全數補償，也應該有討價還價的餘地。」

「除了雇主有後備人選之外，這或許亦反映了這間公司出手不怎麼闊綽？」周偉傑問。

華哥笑說：「或許罷！公司對員工最慷慨的時候，就是剛剛聘請你的時候，亦即是它最需要你的一刻。若在這時候也吝嗇的話，之後你成為公司的員工，每月已給你薪金了，還會給你好處嗎？除非你嚷著要離開公司，而在那一刻鐘，雇主又覺得你尚有一點利用價值，你才可能會有一點討價還價的餘地。」

周偉傑嘆了一口氣。其實一直以來，他並不熱衷於找新工作，只是現職的銀行實與一潭死水無異，如要在事業上再有突破，則非走不可。

「這是題外話。無論如何，你現在要想清楚的，就是你會否為這份工作放棄花紅。」華哥已問過他很多遍。只是從周偉傑的答案及語氣中，覺得他仍是拿不定主意，所以便一次又一次的要他弄清楚。

其實關於這個問題，周偉傑亦反覆想了很多遍，連他自己也對這件事感到厭煩。通過這麼多關的面試，這份工作可謂得來不易。他實不想白白錯失了這個機會。雖然他不會理會張小姐的危言聳聽，亦深信自己不可能找不到其他工作，但一來不知還要等多久，二來他又不想重新經歷那些甚花時間的面試過程。可是，一個工作機會和避免短期之內再面試，加起來似乎也不值六萬元。如要他放棄一部份的花紅，或許仍有商量的餘地，但合共兩個月的花紅，實教他十分為難。

「我……應該不會為了一個工作機會而放棄花紅……」周偉傑的語氣仍不算是堅定。

他又補充：「除非雇主有很好的理由罷！」

「除了要找替死鬼之外，雇主還會有什麼好理由？」華哥打趣的問。

周偉傑想了一會：「這……這可能是……」突然心裡一震，忙說：「可能公司早已規定，這個部門的空缺，要在農曆新年前填補，否則作廢？」他的擔心亦算是言之成理。一般公司在招聘上都是有規有矩的。若部門須增加人手，都要預先申請，獲批以後，才可登報招聘。可是，每一個空缺都會有一個限期，若始終找不到人，便會作廢。若想再增加人手的話，也得要重新申請。他越想越是不安，又說：「如果這是實情，雇主這麼焦急，便有道理了！」

「嗯……也有可能。可是，一間歐資公司所定的期限，大概也不會是農曆新年之前罷？一般招聘的期限，都會與財政年度有關。年結一般是十二月。也有的是三月或六月，應該不會是一、二月。當然，也不能一概而論。但批核程序，也不過是文件功夫。若部門真的必須請人，申請延期也不是什麼難事。就是不能延期，獵頭顧問也會有法子給你們成事。例如是要你在華資銀行裡告假幾天，然後去那間私募基金上班，再於新公司請假，回舊公司上班，直至你辭職為止。合約精神上，當然很有問題。但這樣做的人，可說是大有人在。現在是雇主需要人手，獵頭顧問總會有方法要你在特定時間內於公司裡『出現』，還會把所有相關的文件弄得妥當。這不過是他們的一點小把戲，難道那個張小姐會不懂麼？嘻嘻！其實若雇主一方，有什麼合情合理的原因，她一早就跟你說了，又何必還在唱黑臉?罵人也是很廢力的事情呢!」華哥解釋得十分清楚。

周偉傑又想了一會,最後頹然的說:「這就是了。雇主也不會有什麼好理由要我立即上班。不是已有副選,懶得與我商量,便是想盡快找到『替死鬼』。唉!我實在……實在……很難放棄那兩個月的花紅!」

「其實他們有什麼好理由,也不應該影響你的決定。無論如何,最重要是想清楚自己的『底線』。只要有決定,這就容易處理了。」華哥的語氣十分輕鬆。

周偉傑問:「那我就向張小姐說『不』了?」

華哥忽然認真起來,說:「偉哥,我們在討價還價的過程裡,不須說『不』。甚至乎可以這樣說,我們根本不應該說『不』。我們不用應承對方,也不用拒絕人家,凡事留有餘地。就是這一單生意談不來,還可能會有另外一單。此外,現在你覺得不行的事情,可能過了一會,你又覺得可行了,又何必急於把大門關上?若拒絕了人家,便沒有迴轉的餘地了。」

周偉傑印象中,亦似乎曾聽華哥這樣指點過。只是道理是學過了,少了應用,很快便會忘掉。他又問:「若不拒絕張小姐,我們應該說些什麼?」

「這還不容易?只要你說出自己的立場便是了。你大可以應承對方,但這個答允是有條件的。簡單一點說,不是簡單的說不能,而是『有條件的答允』。例如說:『只要在農曆新年假期後上班的話,我願意考慮一切的方案。』或說:『我對這份工作很感興趣,最早可以在農曆新年假期後上班。』根本不用回應她。你的答覆，既不能算是拒絕，亦非答允，處處留有餘地。若稍後她再逼你的話，你只要翻來覆去的說出這一句，表明你的立場便是了。」華哥又舉了好幾個例子，讓周偉傑明白「有條件的答允」之方法。其實這個道理十分簡單，本就不難明白，但知易行難，而且當局者迷，縱使是經驗豐富之人，每當雙方鬧至面紅耳赤之際，又有多少人能保持冷靜，做到凡事留有餘地？更遑論要他們作出「有條件的答允」了。

說到這裡，華哥要趕去上課，再三叮囑周偉傑後，即匆忙的與他說「再見」。

周偉傑得到華哥的指點後，便即以手提電話寫了以下一個十分簡短的電郵給張小姐：

張小姐：

關於新工作之上任時間安排

妳好！謝謝妳的電郵。

我對這份工作很感興趣，我最早可以上班的時間，是農曆新年假期之後。只要在假期後上班，我願意考慮一切可行的方案。

周偉傑謹啟

二零一三年一月七日

收件人 張小姐 副本

關於新工作之上任時間安排

張小姐：

關於新工作之上任時間安排

妳好！謝謝妳的電郵。

我對這份工作很感興趣，我最早可以上班的時間，是農曆新年假期之後。只要在假期後上班，我願意考慮一切可行的方案。

周偉傑謹啟

二零一三年一月七日

送出

只幾句話，便表明自己的立場。他不願再給張小姐打擾，只專心工作，等到大概下午四時左右才把電郵寄出。

才過了五分鐘，周偉傑再次收到一個沒有「來電顯示」的電話。

他知一定是張小姐，仍覺得怦怦心跳：「她始終不願『搬戰場』，非要打電話給我不可！」一來已開始覺得張小姐十分討厭，連聽到她的聲音也不大願意，二來亦忌憚她的口才太好，生怕在電話內會給她咄咄相逼，難以招架，所以便即按了一下手提電話的屏幕，拒絕接聽，非要她「白紙黑字」的在電郵裡答覆他不可。

過了三十秒左右，手提電話又再次響起，似乎張小姐死心不息，再次致電給周偉傑。

周偉傑想了一會：「只要說在開會，或聲稱老闆在附近，便可以解釋到我為何不肯接聽電話了。」又再把電話掛斷。他本以為張小姐會留言給他，但過了五分鐘左右，卻收到她的電郵：

偉傑：

請盡快回覆雇主

我不是已經說得很清楚麼？雇主不願意等你這麼久！

坦白說，我剛才再次與人事部通電話，他們已開始不耐煩了，更要你盡快回覆。他們願意考慮給予你四萬四千元的薪金，是因為他們已計算你那損失的花紅在內。否則，根本不可能會

收件人 周偉傑　副本

請盡快回覆雇主

偉傑：

請盡快回覆雇主

我不是已經說得很清楚麼？雇主不願意等你這麼久！

坦白說，我剛才再次與人事部通電話，他們已開始不耐煩了，更要你盡快回覆。他們願意考慮給予你四萬四千元的薪金，是因為他們已計算你那損失的花紅在內。否則，根本不可能會有這樣的升幅。

這是一個黃金機會，若你錯過了的話，恐怕會後悔莫及。希望你好好想清楚，盡快回覆！

看完這封電郵後，請你盡早致電給我。

張小姐

二零一三年一月七日

送出

有這樣的升幅。

這是一個黃金機會，若你錯過了的話，恐怕會後悔莫及。希望你好好想清楚，盡快回覆！

看完這封電郵後，請你盡早致電給我。

張小姐

二零一三年一月七日

他看過了電郵，心中感到老大不是味兒：「其實四萬四千元的月薪，折算為年薪，也不過是百分之二十的升幅，雖算是不錯，但也不是太高。若這升幅已考慮我放棄了的兩個月花紅，這個機會實在不太吸引！」又多看了一遍，心下更冷笑：「甚麼是『坦白說』？難道妳平時很不坦白嗎？」

他依著華哥的指點，既不能放棄花紅，只得翻來覆去的出同一招，於大概六點半左右，又再以電郵回覆：

張小姐：

關於新工作之上任時間安排

我需要在收到「額外花紅」後才辭職，我最早可以於農曆新年假期之後上班。我們可以在

收件人 張小姐 副本

關於新工作之上任時間安排

張小姐：

<u>關於新工作之上任時間安排</u>

我需要在收到『額外花紅』後才辭職，我最早可以於農曆新年假期之後上班。我們可以在這一個基礎上討論下去。謝謝！

周偉傑謹啟

二零一三年一月七日

送出

這一個基礎上討論下去。謝謝!

周偉傑謹啟
二零一三年一月七日

這封信的內容，與先一個電郵大同小異，都是堅持己見，但亦沒有拒絕對方。

晚上七時正，他正當準備下班之際，手提電話又再響起。周偉傑知道一定是張小姐。自從他強行把一場口舌之爭變為「筆戰」之後，張小姐一直處於下風，她為了說服周偉傑，亦會千方百計的把這個戰場「搬」回到電話裡，因為她相信，憑其三寸不爛之舌，一定可以把周偉傑「收服」。

「七時正，我可以說自己仍在加班。」周偉傑想通了此節，即把手提電話放到袋子裡，不再理會她。過了五分鐘左右，他發覺有一個留言，想必是屬於張小姐的了：

「偉傑，不好意思。我知你很忙，但我亦要跟你通一個電話。因為我不希望你白白浪費這個大好機會。我已說過不只一遍，雇主一方不願意再等，要你盡快回覆。他們亦很大方，給予你百分之四十七的薪金升幅，當中已考慮了你損失的兩個月花紅。你眼前只有兩個選擇，接受或拒絕，沒有第三條路。你要及早回覆我。此外，大家之間，是不是有什麼誤會?我認為在電郵裡，說得不清不楚，非常不方便。我希望你可以在下班之後打個電話給我，我的手提電話是不會關掉的。無論你何時下班，也不用擔心，即管找我，我跟你好好說清楚。」張小姐的態度好像客氣得多，聲線亦忽然溫柔了好幾分，但了無新意，依舊半步不讓，不過是重覆在電郵的說話罷了。

周偉傑聽完留言以後，覺得十分煩厭，亦怪張小姐只顧自己的利益，說了一整天，依然沒有解釋為何雇主要他立刻上班，更沒有讓他與雇主直接對話，反反覆覆的只是在逼迫自己，非要他放棄花紅不可。他越想越怒，把手提電話熄掉，急步離開公司，如平時一樣，乘「地下鐵」到「炮台山站」。

他甚少於平日回家吃飯，父母亦不一定留在家裡，他便再光顧附近的「香港茶餐廳」。他點了菜後，才重開電話，一邊吃，一邊與嘉儀閒談幾句。關於這個工作機會。嘉儀亦再沒有什麼新的意見，只認為既然不應放棄額外花紅，便簡單的拒絕這份工作就是了。另外，較早前，嘉儀雖然收到一個獵頭顧問的電話，可是問了她一大堆問題之後，便忽然消失得無影無蹤。她已打電話及寄了一封電郵給他，卻完全找不到對方。嘉儀亦不以為意，打算在農曆新年假期後，繼續再找新工作。

他與嘉儀談完以後，隨便的再吃了幾口飯，覺得胃口不佳，便站起身來，正欲到收銀處結賬。只感到手提電話又再一震，原來張小姐又寄了一封電郵給他：

收件人 周偉傑　　副本

請盡快回覆雇主

偉傑：

請盡快回覆雇主

這是否代表你拒絕雇主的要求？接受或拒絕，請你說清楚。

我每天也有很多生意要談，亦有很多更重要的客人要跟進，根本沒有時間，亦沒有必要處理你那區區兩個月的額外花紅之問題。你只有兩個選擇，接受或拒絕，請你言明！

請你好好想清楚，然後立刻回覆我。若你在明日下午兩時仍不回覆的話，我便假設你棄權。雇主便會與後備人選洽談。

請盡快回覆！

張小姐

二零一三年一月七日

送出

偉傑：

請盡快回覆雇主

這是否代表你拒絕雇主的要求？接受或拒絕，請你說清楚。

我每天也有很多生意要談，亦有很多更重要的客人要跟進，根本沒有時間，亦沒有必要處理你那區區兩個月的額外花紅之問題。你只有兩個選擇，接受或拒絕，請你言明！

請你好好想清楚，然後立刻回覆我。若你在明日下午兩時仍不回覆的話，我便假設你棄權。雇主便會與後備人選洽談。

請盡快回覆！

張小姐

二零一三年一月七日

張小姐終於給周偉傑定下一個限期！

WAT

只電光火石之間，周偉傑已給華哥打中了好幾次，又在「繩角」之內，可謂處於劣勢，似乎已難以力挽狂瀾。

五、繩角

如果周偉傑在一、兩天前見到這封電郵，定會給她嚇得六神無主，若在電話之內，恐怕連自己的「底線」也會忘掉，胡裡胡塗的便應承了對方。但此刻經歷了幾番的內心交戰，對自己應抱的態度及必需的堅持已漸漸清晰。既然自己殊不能放棄那兩個月額外花紅，對方卻非要自己立即辭職不可，更已定下期限，這宗交易可算已告吹。他雖再不感到徬徨，但失望之情，已溢於臉上，心想：「唉！我已沒有『說不』了，更已處處留有餘地。還不是給人家逼入窮巷？人家財大氣粗，我若不肯就範的話，便不可能得到這個黃金機會！若不願付出那兩個月的花紅，便只能繼續待在這間華資銀行裡無所事事了！」

他心神不定，把單據拿到「收銀處」，再取出一張一百元鈔票出來，便欲離開。

「喂！不用找錢麼？」坐在收銀處的「老闆娘」喝問，態度極不友善。

周偉傑給她一喝，才想起自己連找回來的碎錢也忘了去取，微一抬頭，見到那個身型肥胖，臉圓眼小的「老闆娘」，看到她那態度囂張的嘴臉，只感到一陣煩厭，說：「當然要。」立刻伸手把零錢取回。

老闆娘笑罵：「要錢又不伸手來拿！」

「怎會有客人不要錢。妳也不會免費請人家吃飯罷？這世上可沒有免費午餐呢！」周偉傑隨口亂說，拋出經濟學上的一句經典諺語。

老闆娘讀書不多，並不知道「世上沒有免費午餐」的出處，但又好像知他在「引經據典」，似懂非懂的回答：「這個自然。那有生意是免費的？『蝕本的生意沒人做，殺頭的生意卻有人做！』」依樣葫蘆的拋出一句，卻是風馬牛不相及，說的是她昨晚看過的一套古裝電視劇對白。

周偉傑笑了一笑，不再多言，便走出茶餐廳，心中暗想：「這個世界的確沒有免費午餐。難道要抓緊這個機會，非要我放棄那六萬元不可麼？」

回到家後，與父母打個招呼後，也不再多言，獨個兒的躺在床上，欲小睡片刻。

他只覺這一天過得很漫長，身心皆疲，闔上眼睛，卻難以入睡，腦海中仍是不斷出現同一個問題：「到底張小姐所說的限期，是雇主給我的，還是她自己給我的？」只想這若不過是張小姐咄咄相逼的話，似乎尚有迴轉餘地。但若是雇主一意孤行，那就無計可施了。

他坐起身來，以手提電話打開張小姐的最後一個電郵，看了好幾遍，終於從字裡行間之中找到一點端倪，心想：「嗯，她說：『若你在明日下午兩時仍不回覆的話，我便假設你棄權。』這不過是她的「假設」。若這是雇主意思，她何不說『雇主給你的最後限期，是明日下午兩時』？中間分別頗大，絕不可能會弄錯。幸而在電郵裡溝通，白紙黑字的情況下，張小姐便不敢狐假虎威，亂傳聖旨，這分明只是她自己設下的限期！」其實這道理本也不難明白，只是他是局中人，心神恍惚，又太重視這個機會，所以在休息一會後，腦筋才漸漸靈活起來。

他再闔上眼睛，默想一次由面試至今的種種細節：「我早前表現得較隨和，立場不夠堅定，並沒有再說清楚自己的『底線』，所以張小姐當然毫不客氣的便想來佔我便宜。在商業世界裡，可沒有『客氣』兩字，損人利己之事也是稀鬆平常之至。若我拿不定主意，人家當然是『快刀斬亂麻』的逼我上班，又怎會顧及我的利益？」想到此處，不自覺的又擔心起來：「可是，現在我明明已清楚表明自己的立場。按理說，難得雇主選定了我，獵頭顧問理應不惜一切做好這宗生意，只要我的要求不過份，張小姐應該不會在毫無意義的事情上糾纏下去。她既然摸清我的『底線』後，理應不會再逼迫我，因為她始終想完成這個交易。獵頭顧問的『底薪』都是極低，甚至乎是沒有薪金，但佣金應該差不多是跟公司對分的，每宗生意的所能賺到的金額都十分可觀。因此，他們以佣金為生，可算是半個生意人，絕不會『跟錢對著幹』。既然我已表明立場，張小姐又怎會再花時間去留難我？或許起初是希望我可以就範，讓她盡早得到佣金。既然此計不行，退而求次，盡早說清楚所有條件，逼我快點簽約，不是較實際嗎？除非……除非雇主確是十萬火急！」

「既然張小姐已把我逼至『繩角』，我到底應該如何拆招？」周偉傑所想的「繩角」，正是擂台上的四個角落。擂台以粗繩圍繞著四周，繩子纏在四個角落的柱子之上，成一個立體的矩形。因此，四個角落，便稱為「繩角」。在泰拳的競技比賽當中，有不少強橫的拳手，在摸清對手的虛實後，便以種種方法，把對方逼至「繩角」。等到那時，被逼的一方，前有敵人，後則是柱子，兩旁卻被粗繩包圍著，可謂陷入絕境。拳手逼對方入「繩角」，便可與之以硬碰硬，或以泰山壓頂之勢，作出諸般以短距離攻擊的招數，藉此得到更高的分數，甚至乎是把對手直接擊倒。被逼的一方，亦有相應的方法從「繩角」之中逃出來。他自少學習泰拳，十分鍾愛這項運動，很自然的便會把所發生之事，套以泰拳的術語。

他又問自己：「到底應該如何從『繩角』裡走出來？」他想到此處，才漸漸從混亂不堪的思緒中找到一點方向。既然自己已有清晰的「底線」，逼他及早上班的是獵頭顧問也好，是雇主也罷，怎樣也不應該影響到他的決定，這實是多想無益。較為重要的還是如何回覆張小姐，方能做到處處留有餘地：「大概就只有再一次的把與之前意思相近的郵件『改頭換面』，修改一下字句，再寄出就是了。除此之外，還可以有什麼更好的法子？」

這道理雖已想通，但他始終十分重視這個工作，煩惱仍是不由自主的在腦海裡不斷湧現：「若我不能即時上班，雇主真的會如張小姐所說，直接去找後備人選嗎？」

一直以來，他都不認為私募基金那方，會真的有一個合適的後備人選。就是有，也不可能為他帶來多少威脅，因為直屬上司在面試時幾番暗示，已選定了自己，還叮囑他在稍後的面試之中，如何應付大老闆的提問。所以，剛看到這封電郵之時，見張小姐稱雇主會找後備人選，心裡九成不信，只覺得這不過是獵頭顧問咄咄逼人的把戲。可是，若雇主與他在上任的時間上無法達成共識的話，便很有可能會改變主意。他心裡又再擔心起來：「到底雇主有沒有後備人選？難道那個後備人選可以為了這份工作而放棄花紅嗎？莫非他的花紅發放時間不在一、二月？」雖然大部份雇員都會等到花紅到手之後才會辭職，但公司發放花紅的時間卻不同。不少機構都會在農曆新年假期前派發花紅，但亦有很多公司會在年尾十二月或財政年結前的三月底發放花紅。所以，縱使假設所有銀行界的對手，都不會為新工作而放棄花紅，亦絕不能排除後備人選可以立刻上班這個可能性。他越想越是擔心。

不經不覺之間，已是晚上十一時左右，周偉傑依然無法想通當中細節。雖然明知對方有沒有後備人選，亦不應該影響他的決定，但若雙方因在上任的時間上未能配合，而把機會拱手相讓給一個後備人選，又覺得深心不忿。最後，他亦只寫了一封極短的電郵給張小姐：

張小姐：

關於新工作之上任時間安排

謝謝妳的電郵。不好意思，剛剛才下班，我明天給你一個答覆罷。

周偉傑謹啟

二零一三年一月七日

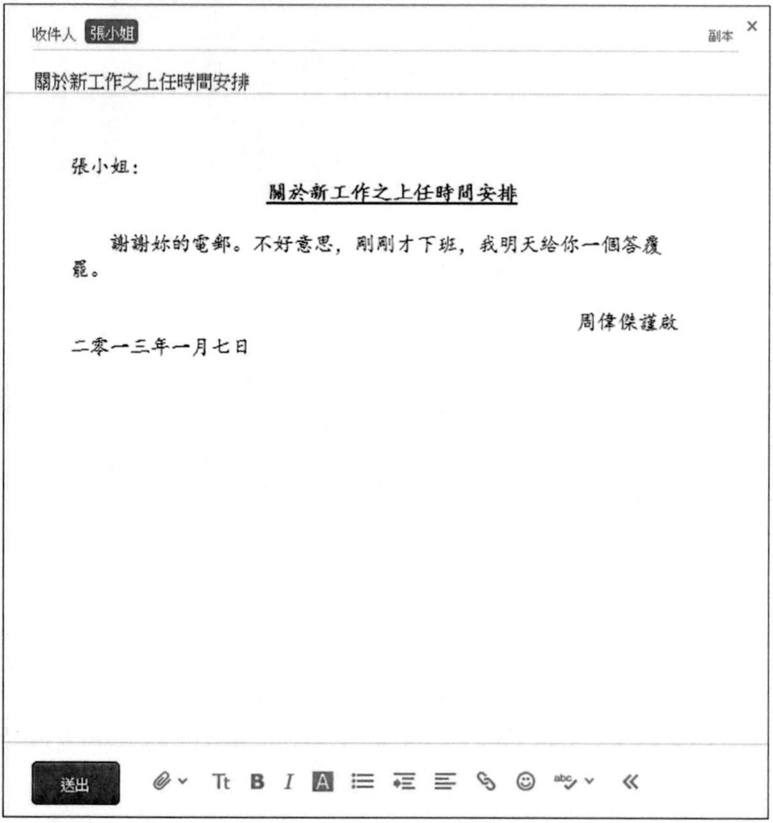

收件人 張小姐

副本

關於新工作之上任時間安排

張小姐：

<u>**關於新工作之上任時間安排**</u>

謝謝妳的電郵。不好意思，剛剛才下班，我明天給你一個答覆罷。

周偉傑謹啟

二零一三年一月七日

送出

他仍是舉棋不定，只得拖延時間。這封電郵之目的，並不是為了給予對方什麼訊息，而是確保自己在一個合理的時間內向對方作出回覆。回覆不一定要是一個具體的答案，只要保持聯絡，便可表現出自己在溝通上的風度，及對這份工作的最起碼要表現的誠意。他看了兩、三遍之後，才把電郵寄出。不料，在電郵寄出之後的三分鐘左右，手提電話竟又再次響起，屏幕之上，並沒有「來電顯示」！

「這一定是張小姐！」周偉傑只覺得心跳加速，胸口似是熱血上湧，不知應否接聽，只任由她繼續等待下去，心裡飛快的想：「現在已是晚上十一時了，難道她還在公司？嗯，那也未必。或許她以手提電話查看電郵，再立刻致電給我。可是，為何她仍不肯顯示自己的來電？她這麼晚仍致電過來，向我窮追猛打，足見她對這個交易確是十分緊張。她剛才在電郵裡還說自己有很多生意要談，有更重要的客人要跟進，無暇理會我云云，全是騙人的鬼話。嘿！明明是處下風，卻仍不願客氣一點的跟我談！」

他的思緒變得十分混亂，又想：「為什麼她要立刻致電給我？」

「嗯！一定是我於電郵之上，並沒有再次堅持自己要在農曆新年假期之後方能上班，明顯的示弱了，所以她才得勢理不饒人的想再逼迫我，這叫作『乘勝追擊』。而且，她仍想『搬戰場』，逼我在電話裡與之交談，在對她最有利的情況下把我收拾！」只覺她甚是討厭，想了一會，心裡似乎漸漸明白：「既然她是來者不善，非逼我就範不可，此刻就是聽了她的電話，也不會有什麼作為。她根本不可能會有什麼好說話給我聽。」此外，張小姐這幾天以來的態度，教他十分反感，現已疲累不堪，不欲再與她過招，實不想接聽這個電話。

「但我剛才寄了電郵給她，肯定還沒有睡，又如何有藉口不聽？」他一邊想，來電仍沒有斷線。

他仔細的盤算：「藉口是不難的，現已夜深，又不是上班時間，我沒有責任去接聽她的電話。而且，她也沒有顯示電話號碼，我若堅持不聽的話，她還可以向我說什麼？」只是無論如何，若自己不肯接聽電話，張小姐一定心裡有數。他又想：「就是張小姐知道，也不是什麼壞事。若我的電郵是示弱了的話，此刻拒絕接聽，便可再擺出一些姿態，向她表明，我並非這麼著緊這個機會。若她想這樁生意做得成，亦應拿出一點誠意，不要再搗局，最好讓我與雇主直接溝通，讓雙方彼此瞭解，增加成事之可能。」雖然他十分重視這份工作，但適度的姿態，也是必需的。

想通了此節後，即放底手上的電話，更把鈴聲關掉，改為「震動模式」。可是，電話在桌子上震動，與桌面磨擦，仍是甚為吵耳。聽到這些有節奏、有規律的聲響，不知為何，只覺自己的心跳也加快了不少，竟似是給這些聲響牽著走一樣，教人甚感不安。再等了約三十秒左右，對方終於決定放棄，掛斷了線。長夜再次回復寧靜，他頓感如釋重負，心跳也似乎漸漸正常起來。

他看著手提電話，心念一動，生怕張小姐死心不息，再顯示自己的號碼來打電話給他，教他非聽不可，便立即把手提電話關上；看著手提電話的屏幕完全熄掉後，才長長的抒了一口氣。

他關掉電話以後，便以家裡的固網電話找嘉儀。二人由於工作忙碌的關係，平日都甚少見面，通常每晚都會通電話。嘉儀聽過了張小姐的事後，忍不住格格而笑：「旁人不知，還道你與張小姐有什麼曖昧。這麼大的一個人，還有閒情日子去玩電話？若不是有女孩子求愛不遂，死纏爛打，又怎會嚇得我們的『偉哥』連手提電話也關掉？」她也認識華哥，當然知道「偉哥」這個稱呼。

他與嘉儀通過電話之後，便上床去睡。可是，千頭萬緒，腦海間依然被這事情纏擾著，整晚也睡得不安寧。模模糊糊之間，也不知道自己曾否入睡，等到差不多天亮，才開始睡著。

翌日，周偉傑給鬧鐘吵醒，正是早上七時半，距離張小姐給予的期限，就只有六個半小時。

他不由自主的再想起昨晚之事，即開了電話，發覺張小姐於並無留言，也沒有電郵，微感失望：「似乎她見我倔強起來，也不肯示弱。所以故意不留言，擺出無可無不可之態，逼我在限期前答覆她。」一轉念，心裡又有一些懷疑：「難道昨晚的來電，並不是她的？但從來也不會有人這麼晚致電給我，也不會沒有『來電顯示』。就是傳銷電話，也不可能那麼晚才打給我！」

回到公司，啟動了電腦，無心工作，便即把報告鋪滿在桌子之上，裝著十分忙碌的樣子。

限期逼近，他滿腦子都是與轉工作相關的事宜，無時無刻的都在估計張小姐所說之話的可信性，正想到「後樓梯」致電給華哥之際，忽聽到一把語氣祥和的聲音叫他：「偉傑，你知道『宏達』的情況嗎？」

說話之人，是一個年近六旬的男子。此人個子不高，體形甚胖，頭髮梳得整整齊齊，載著一幅方形的無框眼鏡，臉上皺紋極少，皮光肉滑，稱得上是面如冠玉。他笑容滿臉，態度和藹可親，正是周偉傑的老闆梁先生。

「梁先生，早晨！」周偉傑立刻站起身來跟他說話。

其實華資銀行裡雖甚講尊卑，但幾代以來，香港受西方文化所影響，在細節上已不大注重。此外，銀行員工大都是香港人，早已沒有「要站起來跟老闆說話」的老規矩，在辦公室的禮節上，亦不會如中資機構般那麼講究。可是，周偉傑揣摩到梁老闆的心態，知他是老一輩的人，喜歡人家尊敬他，所以也不厭其煩的矯揉造作一番。

果然，梁老闆見他站起身來，感到十分滿意，忙笑說：「不用客氣！坐下罷。」右手更輕按周偉傑的膊頭一下，示意他不用站起來，大有皇帝在宮殿之上的氣派，似乎在說：「眾卿平身，賜坐！」周偉傑當然不敢冒然坐下來。

梁老闆又笑說：「哈哈！你這麼高大，站起身來，我可不是要抬起頭來跟你說話麼？」

若沒有與之「交手」的人，聽到他這句話，定會給他弄得不知是坐下來好，還是繼續站著才對。但周偉傑在這間銀行已工作了五年，早有應對之方。他輕輕的半坐在桌子之上，高度便剛好與梁老闆看齊，不用老闆仰望他，又不算是完全坐了下來，在禮節上，恰到好處的應付了梁老闆。

辦公室的禮儀過後，梁老闆又問：「『宏達』的情況如何？」周偉傑心裡一驚，已感到汗流浹背。

「宏達」是一間中型玩具廠商，是他其中一個重要的客人。原來這間公司昨天有一筆「循環貸款」到期，而且當中的本金部份，已申請延期，但利息則一定要在昨天歸環，可是，客人最終沒有依時償還。

周偉傑本欲聯絡負責人，要他盡快匯錢過來。可是，昨天工作繁忙，又花了不少時間與張小姐糾纏，分神之下，竟然忘記了這件事。他忙說：「是的！宏達有一筆貸款已延期，但仍未償還利息，已找了負責人好幾次，但他說因會計部在計算上一不小心，出現了誤差，須等到今天才可把利息還給我們。」所謂會計部的計算不小心，是客人親口說的，或許是真有其事，但亦足見其內部的資金緊拙。至於「等到今天可把利息還給我們」，則是周偉傑信口胡謅。

「嗯！我已認識了這客人很多年，從前我當客戶經理的時候，它可從來沒有試過逾期償還貸款，不知為何，現在竟變成這樣子。到底是怎樣的一回事？」梁老闆雖仍是笑容滿臉，亦未責備周偉傑，但只一句話，便把所有責任都推得一乾二淨。

「不過是延誤了一天，未必是大事，你這老頭兒已急著推卸責任。你在我面前，又何必擺出這張事不關己的臉孔？這番話留待跟你的老闆說罷！」周偉傑心裡暗罵，嘴裡卻恭敬的說：「經濟不好，行業競爭大，宏達的資金亦見緊拙。但畢竟它手上的訂單尚算穩定，還沒有壞賬。只是會計部人手少，偶有錯漏，但應該問題不大。」

梁老闆點頭說：「這就是了。你盡快找到負責人，叫他們不可以再遲了。若再遲的話，便會驚動了管理層。其實這客人不差，只是行業環境欠佳。可是，這筆循環貸款，始終是不應該借給它們的。」似對周偉傑有責備之意，但仍未把話說得滿。不難想像，其實這筆循環貸款，當然是梁老闆堅持要借給客人的。去年，雖然周偉傑的貸款目標早已達到，但部門尚未達標，梁老闆便逼他向貸款部申請這筆「循環貸款」。決定借錢之時，也自然有很多「非借不可」的理由。

「同意！這筆錢是不應該借給宏達的。」周偉傑只回應了一句，對梁老闆的「疑似責備」，也不對號入座，只繼續說：「梁先生，我會立刻致電給負責人！然後再通知你。」

梁老闆微笑點頭，說：「逼得客人太緊，會有反效果。趕走了客人，我們賺錢少了，也沒有好日子過。但我們要顧及銀行的利益，逼不得已之下，也只好『下雨收傘』。你是客戶經理，我知道你應該懂得怎樣做的！」又再拍了他的肩頭一下，便轉身離去。他的說話圓滑，常常是這般模稜兩可，以便他隨時反口。周偉傑只覺梁老闆既然是部門的主管，在華資銀行裡的輩份甚高，從來都是「一言堂」，始終不明白他為何對著下屬仍要這般造作，為何不直接向大家下「命令」？

周偉傑看著梁老闆的背影，不禁嘆了一口氣，暗想：「我剛入行之際，老闆曾說，什麼不明白之事也可請教他；什麼問題也會由他出馬。我當然不會盡信。但那會想到，原來你這人竟會這麼『沒有腰骨』，實情是我什麼不明白之事，你也不會懂。出現什麼問題之際，千萬不要找你才是真話！」

他立刻致電找負責人。可是，打了好幾個電話，卻沒有人接聽。

他越想越是擔心：「難道公司倒閉了？」曾聽過不少倒閉的例子，都是這麼突如其來。

大約在十時半左右，終於找到了負責人。原來他們整個部門的人，剛巧都去了開會。負責人向周偉傑說，大概在中午十二時半左右，便會把款項匯過來銀行，絕不會再拖。

周偉傑得到負責人的保證，才稍為安心，暗想：「自金融海嘯之後，很多行業的表現都不好，按常理，是不應該增加貸款給它們的。可是，咱們當『客戶經理』的，為了銷售目標，又不得不借錢給他們。而且，銀行還要我們向客人推介一系列的衍生工具產品，還給這些高風險產品起了一個動聽的名字，叫作『財富管理產品』，可說是鼓勵人家賭錢，使它們不務正業。資金氾濫，銀行的生意越做越爛；做客戶經理的，升職加薪之機會更越來越少。反之，專做分析、負責風險管理或法規等部門，卻大量招聘人手，更高薪挖角。唉！時移世易了，前線員工的待遇，反比做支援或後勤的人更差！」只慨嘆生不逢時，又繼續想：「若客戶倒閉了，我們客戶經理也可能要『刎頸自盡』，做後勤的人，反會倖免於難。從前公司精簡架構，多從後勤部門著手。自金融海嘯之後，反而會先向前線銷售部門『開刀』！」

給「宏達事件」一嚇，周偉傑又再擔心起客戶經理的前景，即萌生去意，認為應該及早轉換行業，從事不同的範疇，想起那間歐資私募基金的機會：「六萬元雖是多了一點，但轉換行業的機會，著實不是經常出現。到底應否放棄花紅，盡快上班？」內心深處，覺得就是宏達這次償還了利息，這間公司也是問題多多。此外，經濟不景氣，其他表現較差的客戶，甚至乎會倒閉，想到要處理這些「壞賬問題」，甚至乎可能會因而給梁老闆當做「替死鬼」的解雇，心裡有點戚戚然。想及此處，即悄悄的走到「後樓梯」，致電給華哥「求救」。

「嘻嘻！所謂『轉換行業』者，也不過是由一個地獄，轉投至另一個地獄罷了。」華哥再次說出這個比喻。從電話裡，又傳來一些「咕嚕、咕嚕」的聲響，定是在喝他的「朱古力咖啡」，又說：「這一個地獄容易過些，還是那一個地獄容易過些，這是很難說的。雖然銀行業常給人稱作是『夕陽行業』。但香港是金融中心，銀行的大部份職位，也不見得會永遠消失。其實已比一些製造業或貿易等工種為佳。至於在銀行那一個部門才有前景，這是很難說的。金融海嘯之前，客戶經理可謂十分受歡迎；之後，則是法規部、風險管理部門較佳。可是，這是有周期性的。等到經濟全面復甦之後，情況又可能會不同，一切也是看供求關係。當所有人都一窩蜂的去當客戶經理，你們的薪金自然會有壓力，升職自然會更難，競爭當然會更加大。現在，大小銀行都是大規模的增加風險管理、法規及防止洗黑錢等部門的人手，在短時間內，人力市場供不應求，雇員當然可以向公司漫天討價。可是，你們這一代人，漸漸都不願當前線了，人人都去參與後勤的工作。等到幾年後，前線一方，便會有可能青黃不接，偉哥若仍當客戶經理的話，可能會變得『搶手』起來也未可知。其實大環境是無法控制的，關鍵是以你的個性及能力來說，到底適合做那一類型的工作？這才是最重要的考慮。」

「唉！我也不敢說。大概都是差不多罷？」周偉傑問。

華哥笑說：「我又怎會知道你的喜好？你說是差不多，便差不多罷！那個張小姐有沒有再跟你聯絡了？」

周偉傑心頭一震，才想起張小姐給他的限期，已逐漸逼近，即簡短的把昨晚之事告訊了華哥，問：「我到底應該如何回應她？這個限期，到底是真是假？雇主一方，到底有沒有後備人選？」一連問了華哥好幾個問題，都是一直纏繞在心裡的死結。

「這個限期，多半是假的。這張小姐也不是什麼高手，常常逼你去『繩角』。或許這一招，對一些入世未深的後輩小子是奏效的。人家給她逼得緊了，『疲勞轟炸』的好幾天，可能會屈服也說不定。可是，凡事說得太盡，便少了迴轉餘地。就是雇主真的給了她限期，她也不應該這麼直接的告訊你，請你在某某日子前答覆就是了，態度又何必這麼差勁？而且，她給你的限期，亦應該比雇主給她的早一點才對。她現在給你一個限期，不過是在逼迫你。甚麼後備人選云云，更是在恐嚇！她想逼你進『繩角』，叫你投降罷了。」華哥開始逐一為他解答問題，也是以「繩角」作為這個僵局的比喻。

周偉傑追問：「雇主應該沒有後備人選罷？」

「不知道！政府及相關機構招聘，都會有一個名單，預先做好了排名，方便他們工作。聘用的條款，更是公開的，根本不用討價還價。要是第一名應徵者放棄，便會與第二名洽談，如此類推。若增聘的人手不只一人，名單之後，還會有後備名單，機制與流程十分清晰。可是，私人機構，一般都不會有這種制度，很多公司連後備人選也沒有。一般來說，直屬上司應該會與首選談好了條件後，才推薦給大老闆。若最終仍是談不合攏的話，才會請大老闆再見後備人選。就是大老闆已見了所有人選，公司仍會傾向聘請首選的應徵者。除非真的完全談不來罷！你星期五見了大老闆，現在才是星期二，雇主一方，大概不會只兩天便放棄你。就是放棄你，也不會立即拒絕。一方面，會先拖延時間，不會立刻答覆你。另一方面，則會開始與後備人選洽談，甚至乎再見其他應徵者。又何必逼你進『繩角』？」華哥補充。

周偉傑聽了華哥的分析，才漸漸清晰起來，忿怒的說：「這張小姐真是可惡！」

「她是蠢，半新不舊，還未稱得上是『老手』，才會這樣失儀。」華哥打趣的說。

周偉傑又問：「那麼，我應該怎樣應付她？」

「其實也是要想清楚這一個問題，到底你是否願意為一份新工作，或一個給你轉換行業的機會而放棄你的額外花紅？」華哥又再問。

周偉傑面對同一個問題，心裡再想：「為了一個工作機會，而放棄數星期後便會得到的花紅，實是不可能。就算是一個轉換行業的機會，也不見得很值得。一來，正如華哥提示，每一個行業、每一個工種，都會有其盛衰，一窩蜂的去做那些現在很好的職業，長遠來說，也未必佳。二來，每一個工種都會有其特點，沒有絕對的好與壞，也會有其難處。我現在做客戶經理做得久了，明白當中的苦況，當然感到厭惡。難道做財務分析員，便沒有難處嗎？」隱隱覺得，就是不用付出那六萬元的花紅，這個轉換行業的機會，也得要想清楚。若要他為了轉行業而付錢的話，那就更加不可能了。

「應該不可能！那額外花紅不算多，但也不能說是少。我不可能放棄。」他語氣漸趨堅定。

華哥笑說：「其實想通此節後，要應付張小姐，還不容易？我不再重覆了，你自己去處理罷。不過，你大可試試在兩時十五分才回覆她。且看看你在限期之前不答她，是否真的會被取消資格？哈哈！」周偉傑也覺得有趣，跟著笑了起來。華哥在掛斷電話之前，再提醒他今晚於泰拳館的約會，周偉傑亦欣然答應。

周偉傑因擔心宏達之事，在午膳時間只匆忙的賣了一個外賣飯盒回公司吃，希望盡快在十二時半之前收到還款。可是，直至下午一時，還沒有收到這筆款項，負責人的電話又不通，周偉傑實是吃不下嚥，暗自焦急，只好在公司裡呆等。

下午兩時，午膳時間剛結束，營運部的同事才走過來通知他，剛好收到了還款。周偉傑立即再查看電腦系統，確信還款已到，才放下心頭大石。正自歡喜間，手提電話又再響起，依然沒有「來電顯示」，九成是張小姐打過來。

周偉傑一看手錶，才知原來已過了張小姐給他的限期，心想：「當初我就是舉棋不定，才會給張小姐欺負。現在已過了限期，又何須再聽她囉嗦？就如華哥所說，在兩時十五分左右才覆她，且看她可以怎樣？」便即掛斷了電話。

手提電話又再震動，張小姐傳來一個訊息：「你是否已決定放棄了這個黃金機會？」只一句話，便又再向周偉傑逼迫起來。

周偉傑微怒，把電話擱在一旁，等到兩時半，才寄出一個電郵作為回覆：

張小姐：

關於新工作之上任時間安排

謝謝妳的幫忙。我已考慮清楚，我最早可以上任的時間，是農曆新年假之後，亦即是二月中旬。希望妳可以向雇主解釋。如果當中有什麼難處，請告訴我，我十分樂意跟雇主親自解釋。

周偉傑謹啟

二零一三年一月八日

收件人 張小姐　　　　副本

關於新工作之上任時間安排

張小姐：

關於新工作之上任時間安排

謝謝妳的幫忙。我已考慮清楚，我最早可以上任的時間，是農曆新年假之後，亦即是二月中旬。希望妳可以向雇主解釋。如果當中有什麼難處，請告訴我，我十分樂意跟雇主親自解釋。

周偉傑謹啟

二零一三年一月八日

送出

寄出電郵之後，亦再沒有收到張小姐的回覆。周偉傑剛收到宏達的還款，先要向梁老闆報喜，亦要按既定程序，與他討論關於這個戶口的策略及如何避重就輕的撰寫報告。例如是，若客戶再有逾期償還的情況，或來年的業績表現不濟，應當怎樣處理等等。梁老闆當然不會說出什麼具體的方案，更加不可能有什麼結論，但與他開會，一談，就是一個多小時。

周偉傑好不容易的才從梁老闆之房間裡「逃」出來，接著又要處理原本堆積如山的工作。等到差不多晚上八時，把大部份的要辦的事情做好，才可下班，只在附近的美式快餐店，胡亂吃了一點東西，便趕到在公司附近的泰拳館練習。

這間泰拳館位於灣仔軒尼詩道，靠近銅鑼灣方向的一幢舊式大廈裡二樓的一個單位之內。大廈本是住宅，但由於地點便利，大都改變為「商業用途」。大廈共十二層，有兩層樓是「私房菜」餐廳，又有另外三層是咖啡店，還有髮型屋、美容店及書店等等，可謂五花八門，猶如一個小型商場一般。

周偉傑一走入泰拳館裡，已聽到「呀」的一聲叫喊，接著連環幾聲「啪、啪、啪」的巨響，一名泰拳師傅，正拿著一個皮靶，要幾名學員輪流以「掃腿」擊打。泰拳館也不過是約一千平方呎左右大，掛了十餘個沙包，又有一個小型的擂台。三位師傅，再加上七、八名學員，已甚是擠迫。擊靶之聲響，更是震耳欲聾。

一個中年男子走過來，懶洋洋的向他打招呼：「偉哥，還沒有給張小姐嚇死嗎？」此人雖已四十五、六歲，但樣子年青，看起來，與一般三十來歲的人無異，眉清目秀，甚是英俊，只是膚色略黑，又似是睡眼惺忪，正是華哥。

「華哥！」周偉傑向他打招呼，給他這麼一問，心裡不禁想：「今天下午之後，已再沒有收到張小姐的回覆。難道我沒有在限期之前答覆，她一怒之下，真的把我放棄了？難道這限期真是雇主給我的？」便即把這個擔心說了出來。

華哥笑說：「那也未必。你已清楚說出『底線』，且看看她怎樣拆招。反正現在除了等之外，都沒有別的事情好做，快點換衣服罷，我們的課堂差不多要開始了。出一身汗，心情暢快一點，運氣也會好一些。」

課堂開始後，二人跟著泰拳師傅一起跳繩和拉筋，更做了不少鍛練體能及熱身的動作。天寒地凍，熱身動作當然不可能缺少。熱身過後，便是擊打沙包及皮靶的環節。泰拳主要不過是拳、腳、膝、肘等技術，動作雖然簡單，但節奏明快，運動量極大，只一個小時，二人便已汗流不止，氣喘如牛。

當所有擊靶的環節完成後，只休息約幾分鐘，學員便會配成一對，於擂台上「試招」，切磋一番。所謂的「試招」，也不是真打，出手時都會留力，更戴上拳套、護脛及牙膠等等，以確保學員的安全。一直以來，周偉傑都是與華哥配成一對。華哥雖然年紀較大，但氣力仍沒有退步，猶勝一些甚少運動的年青人，與周偉傑通常都是打成平手。

擂台之上，二人終於交手，一名泰拳師傅在場作公證，另外兩名師傅則與幾名學員一同觀戰。

周偉傑因為近幾天以來，給私募基金的工作機會所困擾而睡得不大安寧，精神本已不振，再給張小姐不停的騷擾，更顯得狀態不佳，心不在焉，進退失據，反應較平日遲緩得多。華哥見狀，即向他步步進逼，一個假身，即向前急衝，作勢便要以直拳向他打過去，出手飛快絕倫。

周偉傑見華哥突然衝過來，實是來勢洶洶，本已退後了兩步，又見他出拳，即略為舉起雙手，以拳套掩面，形成一個防衛的架式，更不由自主的倒退了三、四步。防守再加上後撤，華哥的直拳就是再狠，也不可能威脅到他。可是，由於拳館內的擂台遠較比賽用的狹小，他只後退了這幾步，便已陷入「繩角」之內。

不料。原來華哥的直拳也是虛招，目的自然是逼他進「繩角」；見他後退，正合心意，即上前急衝，出手把他原本舉起來作為防守的拳套向下一壓，立時教他空門大露。接著，周偉傑見到黑影一掠，對方的一記披䏘，已擊中了自己的左邊臉頰。這一招實是乾淨利落，在旁泰拳師傅與台下的學員，都忍不住高聲喝采起來。他們只是試招，又沒有帶上護䏘，此招若然擊實，周偉傑定會給他打傷。可是，他動作雖快，畢竟還是手下留情，周偉傑雖感面頰一痛，但仍沒有受創。

周偉傑在「繩角」之內，實是身陷絕境；給對方擊中一下，接著又感右顎一痛，再給對方的

「抛髀」打中，台下又傳來一陣歡呼聲。他知這兩招已擊中了頭部下顎的位置，若然真打，不僅會教他血流不止，甚至乎會即場暈倒。混亂之中，連忙以雙手往華哥一推，盡量把雙方的距離拉遠。原來周偉傑四肢較長，擅長直拳與掃腿，華哥則是膝髀及纏鬥的技術較在行，所以他若要擺脫這個困局，就只能保持雙方的距離，才有機會反敗為勝。

可是，華哥給他雙手一推，即施展泰拳的纏鬥手法與之過招。周偉傑突感後頸一緊，原來已給華哥鎖著，接著腰間一痛，又給華哥以「膝撞」擊中。他們只是試招，華哥的「膝撞」雖快，但卻沒有教周偉傑受傷，只以膝頭內側一帶的肌肉撞向他的腰間，此招名叫「拍膝」，代替真正比賽時，以膝頭堅硬部位撞擊對方的招數，可減低訓練時之創傷。只電光火石之間，周偉傑已給華哥打中了好幾次，又在「繩角」之內，可謂處於劣勢，似乎已難以力挽狂瀾。

周偉傑雖然連番中招，但既未受傷，終於給華哥激起鬥心。他把精神重新放在比賽之上，心中的雜念漸漸減少，盯著華哥的心口，見他的心口微動，接著右腰微一擺動，知他將再以右膝攻向自己，即以左手順著華哥右膝之來勢一送，接著右手鎖著他的頸項，再用力一推，正是泰拳的一種摔法，也算是他轉守為攻的一記妙著。單以纏鬥術來說，周偉傑殊不及華哥，但他本是處於下風，突如其來的反擊，卻大出華哥意料之外，即教他手忙腳亂。他雖還未給周偉傑摔倒，但右膝攻擊之際，只以左腿支撐，站立不穩之下，只得連忙收回右膝，雙腳站穩地面。周偉傑見對方剛一站穩，還未能組織到下一輪的攻勢，即把對方推開，然後一轉身，已從「繩角」之內走了出來。

他後退了好幾步，欲拉遠雙方的距離，以便自己向對方施展拳腳。可是，他剛「逃出生天」，還未喘定，對方卻已如影隨形的追來，作勢又要以蹬腿向他攻擊。他不由自主的又倒退了幾步。只三數合，又給華哥逼至另一個繩角之內。他雖然每一次都很努力的從死角中走出來，但很不容易的，又會給對方逼至絕境。擂台試招，雖只三分鐘時間，但這短短的三分鐘對於周偉傑來說，卻是十分難捱。

他每當給華哥逼至繩角之內，都會不停的問自己：「為何總是給人家逼進死角？」

「轟」的一聲，華哥把周偉傑摔倒，擂台上的泰拳師傅立即叫停。

這個擂台以軟墊鋪地，縱使學員給摔倒，也不怕受傷。周偉傑自少練習泰拳，已有無數次給人摔跌的經驗，這一次給華哥摔倒雖是狼狽，但絕無大礙。但既是「試招」，暫停之際，並沒有時限，站起身來以後，便在擂台上來回踱步，乘機稍為休息一下，心中暗想：「擂台太狹少，只後退數步，便會墮入『繩角』。說什麼也不能連番後撤，怎辦？」泰拳師傅見他並未受傷，即要他們繼續。

華哥越打越是輕鬆，左腳踏前，手影一掠，又再以作為「前鋒手」的左手，向周偉傑進擊。

周偉傑立時心中一亮。這一下左拳打得十分隨意，相隔還有兩、三步的距離，不過是虛招，就是不閃不避，也不會給他打中。其實華哥每次的進擊，都是先以虛招擾敵，打亂了他的步法，才展開攻勢。其實這種擂台手法十分常見，就是周偉傑也經常會用，只是他此刻心情欠佳，無法集中精神，華哥的虛招手法又忽然進步了不少，真假難分，才會連連中計。在一瞬之間，他心中的念頭一閃而過：「我應該站穩這個位置，又何須後撤？既然退路不多，他是真也好，假也罷，何不站在原地，放手一搏？」

華哥左拳落空之際，見他沒有擋架，又不閃避，即腰間使力，改以右拳擊向對方的面門。

周偉傑見他胸口一晃，接著右肩一擺動，已知他正要使出右拳。他看準時機，即右腳向前急踏，在華哥的右拳還未攻至面門之際，「拍」的一聲，左掃腿已輕輕巧巧的擊中對方的右腰。原來華哥出右拳，右脅之下便少了防守，正是動作漏洞之所在。這一招掃腿，只用了兩、三成力道，但位置、時機及速度等，都是掌握得恰到好處，不僅擊中了對方，更把其攻勢盡數消解。直到此時，他才真正的擺脫了捱打的局面。三名師傅和學員，紛紛為周偉傑的反擊喝采起來。

「叮、叮、叮」的擂台鐘聲響起，原來好容易，終於過了三分鐘，完成了這場「試招」。二人脫下拳套，吐出牙膠，相視而笑，都覺得對方的表現不錯，但他們都是筋疲力盡，並不說話，只坐在擂台下，不停喘氣。

下課後，二人洗個澡，換了衣服，只坐在拳館內的長櫈之上休息。

華哥一伸懶腰，向周偉傑笑說：「終於真的知道為何自己會給人逼進『繩角』之內罷？」

「大概我舉棋不定，進退失據，所以才會給人家有機可乘。」周偉傑微微一笑的說。

這道理十分顯淺，他亦早已明白，甚至乎已「想通」了好幾次。但明白是一回事，深切的體會又是另一回事。周偉傑出了一身汗之後，亦感到連心情也舒暢了許多。其實他已漸漸想清楚自己的「底線」，只是太重視這個工作機會，絕不想白白失掉，所以心情才會七上八落，不知如何是好。

華哥說：「那個張小姐打的不過是盲拳。其實盲拳是打不死老師傅的。她向你衝過來，你一個轉身，便避了開去，又何須與她硬碰硬？擂台上有繩圈困著，你尚且能從『繩角』中走出來。這個世界，本就是海闊天空，你又何須擔心沒有機會？所以，我建議你不用理會她，只保持聯絡，反覆說明自己的要求就是了。尤其她要你做的，根本已超出你的『底線』，你根本無事可做。這是她自己的主意也好，是雇主的意思也罷。你根本不用傷腦筋。道理是這麼簡單，但你是局中人，自然需要多一點時間去體會這一點。」

周偉傑嘆了一口氣，說：「明白是明白的。可是，我始終還有點舉棋不定。」

「總要點時間去體會的。」華哥鼓勵他，又說：「況且張小姐也不會真的把你逼死。你試想想，就是雇主一方有後備人選，也應該不是她推薦的。若她真的有後備人選，還會跟你談嗎？你這人那麼麻煩，又不肯立刻辭職，她何不直接與後備人選談，還花時間的與你糾纏？若她真的有人，她連限期也不會給你。反之，若雇主一方有後備人選，她也會替你向雇主說情，怎樣也會想辦法給你拖延！」華哥補充，亦覺得自己說得有趣，臉上的笑容甚是燦爛。

周偉傑「嗯」的一聲，說：「這就是了！」

他隨手拿起手提電話，才知原來有一個留言，便向華哥說：「有一個留言，我先聽。」

周偉傑的心中一急，直覺告訴他，這應該是張小姐的留言，一聽之下，才知自己的想法沒有錯。

張小姐在留言中說：「偉傑，大家似乎是有一點誤會，對不對？為何你總是不願接聽我的電話？只以電郵溝通，十分不方便，也容易出現誤解。我希望你可以致電給我。因為我不想你浪費這個千載難逢的機會。這很有可能是讓你轉行業的最後機會，你一定要想清楚。雇主終於願意考慮你的要求。可是，若你堅持在農曆新年假期後才上班的話，薪金及一些條件也會改變。當中很複雜，單以電郵不能說明白，只有在電話裡才說得清楚。偉傑，我看你也是很重視這個機會的。我很希望可以幫到你。我亦希望你知道我是從那處來的人，我任職的公司是一間怎麼樣的公司。請你盡快回覆我，電話或電郵也可以。」語氣似是客氣了許多，但仍隱隱的帶有一點威逼性。周偉傑聽到她說「我希望你知道我是從那處來的人」一句，實似是黑幫在恐嚇他人，忍唆不住，即笑了出來，再按留言信箱的指示，重播留言，把手提電話遞了給華哥。

「她是從那處來的？難道是黑幫社團的人馬？」華哥問。二人都是哈哈大笑。

「從那處來」一句，通常都是黑幫互相試探的口吻。張小姐說得急了，竟說出這樣的話來。周偉傑知張小姐向來對自己的美資背景引以為傲，覺得她的說話隱含的意思是：「你知道我是什麼人嗎？你不要和我使手段了。我們美國公司大玩陰謀詭計之時，你可還沒有出生！你若不乖乖的就範，我也不會讓你有好日子過！」

華哥又笑著說：「不要刪掉這個留言。以後若忽然遇上什麼意外，或無緣無故給人家追殺，甚至乎是生病了，也可以把這段錄音交給警方。那一切都很有可能是張小姐幹的好事！」周偉傑只覺有趣，忍不住大笑起來。

「你可以從中學習。張小姐逼迫你，還給你一個限期，現在卻又反口，在討價還價的過程當中，出爾反爾，已是信譽全失。這些人，通常都是外國大學畢業的，替美國公司辦事，操一口流利的英語，就自以為高人一等。學人家的文化，不是不好。但很多時候，還未學得到精髓，壞處卻學到十足。其實美國人雖然著重效率，但也不見得沒有禮貌，其文化之中，也從來沒有鼓勵人家在談判時要把對方逼死。反之，美國有很多了不起的生意人，當中亦有很多談判高手。這個張小姐或許從中習得一點皮毛，奸招亦學了不少，但明顯的是『學壞師』。」華哥似是有感而發。

周偉傑忽然想起，獵頭顧問做事謹慎，給他留言之後，或許還會有短訊或電郵：即打開電郵信箱，果然看到張小姐的電郵：

偉傑：

請你盡快致電給我！

雇主已答允你的要求。可是，原來的四萬四千元的月薪，本已考慮你損失的兩個月額外花紅。若你不能即時上任的話，雇主願意給予你的月薪，便不再是這個水平。換句話，你若不願

收件人 周偉傑　　副本

請你盡快致電給我！

偉傑：

請你盡快致電給我！

雇主已答允你的要求。可是，原來的四萬四千元的月薪，本已考慮你損失的兩個月額外花紅。若你不能即時上任的話，雇主願意給予你的月薪，便不再是這個水平。換句話，你若不願意放棄花紅，你的月薪將會**大減**！

由於雇主願意給予你的條款有變，我希望你盡早致電給我，讓我向你解釋清楚。若你想得到原來那四萬四千元的月薪，放棄花紅，立即辭職，是你的最佳選擇。

請盡快回覆我！

張小姐

二零一三年一月八日

送出

意放棄花紅，你的月薪將會大減！

由於雇主願意給予你的條款有變，我希望你盡早致電給我，讓我向你解釋清楚。若你想得到原來那四萬四千元的月薪，放棄花紅，立即辭職，是你的最佳選擇。

請盡快回覆我！

張小姐

二零一三年一月八日

他再把電郵給華哥一看。華哥笑了一笑，臉上擺出一幅漫不在乎的神情，說：「這情況可能會持續下去。表面上，她不再提起那個限期，好像是認輸了。但其實她雖然好像是作出讓步，但卻不過是讓你鬆懈，再伺機逼迫你。無論如何，她仍想你立即辭職；退而求其次，至少也想替雇主壓價，所以這個討價還價的過程，仍會持續下去。」

「我應該怎樣做？」周偉傑已對這個過程已感到十分憎厭，希望華哥可替他盡早消除這個煩惱。

COFFEE

梁老闆臉上常常掛著一點微笑，樣子十分祥和，笑說：「是的！連嬸嬸也請假了。我這年仍有很多有薪假期，還沒有時間放呢！」忽然定睛望了周偉傑一眼，笑說：「我知你為了什麼事情煩！但你也不用擔心，應該沒有大礙的。」似是看穿了他的心事。

六、同謀

華哥懶洋洋的說：「既然對方說情況有變，你便順勢要她在電郵之內，把主要的聘用條款列點說明，交代清楚。若她說不懂在電郵裡談，你就給她做一個表，要她填寫下去就是了。」

「這法子甚妙。我就依華哥的方法跟她談，無謂再傷腦筋。」周偉傑說。

華哥幽他一默，說：「你的最大弱點，就是不肯動腦筋。」

「嘻嘻！也是。想深一層，其實她何不一早把主要條款列點交代，逐一寫出來，這不是最清楚不過嗎？聘用的主要條款，不過是月薪、職級、花紅、假期及上任時間等等，十分簡單，在電郵之內交代最為方便。難道在電話裡說，反而會更清楚？她堅持在電話裡談，不過是要大家胡裡胡塗，不清不楚，好讓她可以從中取利！」周偉傑嘆了一口氣，覺得她只是在浪費大家的時間。

華哥笑說：「她這些詭計，不過是小把戲，不值一提，的確不應傷腦筋去推想她在籌謀什麼。」

回家後，周偉傑即按華哥的建議，寫了一個電郵給張小姐：

收件人 張小姐　　　　副本/密件副本

關於新工作之聘用條款

張小姐：

關於新工作之聘用條款

謝謝妳的來信。我最早可以於農曆新年假期前解約，假設雇主願意承擔我因提早解約而須付出的「通知金」，我可於假期之後，亦即二月下旬上班。據妳所說，雇主的聘用條款可能會有變，煩請妳列點說明。為方便大家的溝通，請參考以下幾點：

一、月薪：請填寫＿＿＿＿＿＿(原來：港幣四萬四千元)

二、額外花紅：請填寫＿＿＿＿＿＿(原來：約兩個月。請填寫於這一個部門裡，相同職級及經驗的雇員，於過去三年以來，每年所獲得的額外花紅之平均數值)

三、有薪假期：請填寫＿＿＿＿＿＿(原來：不詳)

四、強積金之安排：請填寫＿＿＿＿＿＿(原來：不詳)

五、提早解約之賠償(通知金)：請填寫＿＿＿＿＿＿(原來：全數由雇主承擔)

六、若雇主替我賠償「通知金」，相關的附帶條件：請填寫＿＿＿＿＿＿(原來：不詳)

謝謝妳的幫忙。

周偉傑謹啟

二零一三年一月八日

送出

張小姐：

關於新工作之聘用條款

謝謝妳的來信。我最早可以於農曆新年假期前解約，假設雇主願意承擔我因提早解約而須付出的「通知金」，我可於假期之後，亦即二月下旬上班。據妳所說，雇主的聘用條款可能會有變，煩請妳列點說明。為方便大家的溝通，請參考以下幾點：

一、月薪：請填寫（原來：港幣四萬四千元）

二、額外花紅：請填寫（原來：約兩個月。請填寫於這一個部門裡，相同職級及經驗的雇員，於過去三年以來，每年所獲得的額外花紅之平均數值）

三、有薪假期：請填寫（原來：不詳）

四、強積金之安排：請填寫（原來：不詳）

五、提早解約之賠償（通知金）：請填寫（原來：全數由雇主承擔）

六、若雇主替我賠償「通知金」，相關的附帶條件：請填寫（原來：不詳）

謝謝妳的幫忙。

周偉傑謹啟

二零一三年一月八日

他把主要的事項都列了出來，要張小姐逐一填寫。最關鍵的當然是月薪、花紅及因他提早解約而須向華資銀行繳付的「通知金」，該由那一方承擔。華哥亦曾提醒他，所謂「世上並沒有免費午餐」，若雇主願意替他賠償「通知金」，亦應該會有一些附帶條件。他便趁這個機會，一併問個清楚明白。

此外，他草擬這份信件之時，突然想起，其實自己期望的四萬四千元月薪，是按年薪百分之二十的加幅計算來。當中假設了雇主一方將會發放約兩個月的花紅。可是，這個假設，是張小姐說的，想深一層，絕不可靠，口講無憑，還不如要她「白紙黑字」的寫得清清楚楚，這樣做會較為穩妥。但花紅為「沒有保證」的一種，雇主保留了發放與否的酌情權，而且，每年的金額有多少也不一定是固定的。若直接的問，張小姐大可以「花紅每年也不同」、「雇主不會承諾你花紅會有多少」等等的藉口而顧左右而言他。因此，他便略為改變一下問題，只要知道相同職位之人所獲發的花紅之平均數值，便可以得到一個大概。

此外，「強積金」和有薪假期等的安排，也屬於主要的聘用條款之一，所以也寫了出來，要張小姐填寫。

這樣列點說明，就成為了一份「草擬條款計劃書」。他與客人商擬借貸安排之前，都會有這樣的一份計劃書給客人過目。客戶經理與客人洽談生意，都會按客人的需求及償還能力等而草擬相關的條款，撰寫「貸款申請書」，再拿去給信貸審批部批閱。由於批核需時，程序亦十分繁複，客戶經理在撰寫「貸款申請書」之前，都會先與客人溝通好，把什麼類型的貸款、金額多少、年期多長、利息多寡、還款安排和相關費用等等事項，寫在「草擬條款計劃書」之上。客人同意之後，才會向信貸審批部申請。這樣做的好處是把所有事項都交代得一清二楚，避免客戶經理在千辛萬苦之下獲得批核之後，與客人簽約的一刻，才發現相關條款與原來所想的不同。「草擬條款計劃書」亦方便雙方在討價還價的過程之際，可把重要事項一併作考慮及討論，減少你一言、我一語，反覆往來的麻煩情況。周偉傑曾為無數客人撰寫這類型的計劃書，可是直到此刻，才想起其實與獵頭顧問或雇主洽談之時，一樣可以用這種手法，把所有條款都弄得一清二楚。

他做事向來謹慎，看了好幾遍之後，才於晚上十二時左右把電郵寄出。

自張小姐撤回限期，繼續與他洽談開始，他才扭轉原本捱打的局面。張小姐與他繼續糾纏下去，亦即表示，之前所說的期限，其實根本不存在。此外，雇主亦明顯沒有一個設下限期的機制。雇主或許仍希望他盡快上班，但應該不是如張小姐所說，要他於下星期便上班。由上星期五至今，已過了五天，張小姐已花了不少精神去威逼利誘，若雇主真是這麼著急，又何必浪費時間在討價還價的環節之上？甚至乎可以推斷出，雇主對填補職位一事上，可能根本沒有急切的需要。周偉傑反覆的推敲了好幾次，認為情況對他越來越有利，便漸漸放心起來。

他寄出電郵後，只感疲倦不堪，與嘉儀通了電話，閒談幾句之後，便即躺在床上。自上星期五開始，他已經有四晚睡得不大安寧，每晚都輾轉翻側了很多遍，才勉強睡了三、四小時。此刻情況有變，在討價還價的過程之中，終於取回一點主動權，心情亦比以前輕鬆得多，加上在泰拳館裡出了一身汗，一瞌上眼，便已進入夢鄉。

一覺醒來，原來已是早上七時半。

周偉傑一起床，便立刻查看手提電話，發覺張小姐還沒有作出回應，暗怪自己性急：「我於昨晚深夜十二時才把電郵寄出，現在不過是早上七時半，張小姐就是於昨晚收到電郵，亦不可能這麼快便可以回覆我，而且，她或許還要與雇主一方交代清楚，未必會第一時間找我。」

回到公司後，他如常工作。可是，等到早上十時，依然還沒有收到張小姐的回覆。

早上十時半，他的手提電話又再響起，電話屏幕上的「來電顯示」，卻是一組略為陌生的號碼。他此刻的心境，雖與早前頗不相同，但仍然會因為聽到手提電話的鈴聲而感到心跳加速，只是程度已不像從前那般強烈而已。他定一定神，細看電話號碼的組合，才發覺原來號碼的首四個數目字，竟與張小姐的直線電話號碼是一模一樣的。因此，可以推斷，這個電話亦應該是從張小姐那間獵頭公司打過來的。

「難道張小姐那個婆娘，竟使用公司裡的另外一個電話？她又有什麼花招？」周偉傑暗想。

他先把電話鈴聲關掉，任由它繼續震動，卻不接聽，再想：「嗯！她仍不肯在電郵裡交代清楚，非要與我通電話不可。她明知我不願接聽電話，又經常對沒有『來電顯示』的電話一概不聽。只得以公司裡的另一條電話線打給我！」想通了此節，即不接聽那個電話，等了三十秒左右，電話才斷了線。

只過了十分鐘，那個電話竟又再打來，手提電話不斷的震動，似是試探著周偉傑的耐性。

周偉傑給手提電話的震動聲弄得心煩意亂，暗想：「既然這不是張小姐的號碼，我大可不理會它。若說我不接聽來歷不明的電話，也是合情合理的。」打定主意，繼續任由電話震動，來電約三十秒左右之後才斷線。過了差不多兩分鐘，終於收到了對方的留言，便拿起電話一聽。

「周先生，你好！我姓何，是張小姐的同事。我們獵頭公司有一些事情想與你商討，麻煩你回電話給我。我會以短訊通知你我的電話號碼。謝謝！」電話之內，聽到一把略為蒼老的男聲，留言的人，竟不是張小姐！

不久之後，周偉傑已收到了何先生的短訊，內容與留言大同小異，只是多了一個辦公室電話和一個手提電話號碼，心想：「到底發生了什麼事？這何先生是誰？張小姐呢？」此一著，實是出乎意料之外。

「難道他是張小姐的同謀？是同事，還是上司？」他知張小姐的詭計層出不窮，心中閃過不少念頭：「嗯！一定是張小姐未能收拾我，所以便另請高明。又或許是她的老闆見她不行，所以親自出馬！無論如何，大概都是因為原本的計劃未如理想，所以便換人變陣！獵頭公司在打什麼如意算盤？無論他們做什麼，都只是想逼我盡快辭職，到新公司上班，讓他們的佣金『袋袋平安』，或進一步替雇主壓價。可是，張小姐於這兩件事之上，都做得未如理想，所以獵頭公司便要換人。嗯……換人對獵頭公司有什麼好處？若何先生接手後，早前與張小姐談的事情，可能會乘勢一筆勾消！這個何先生，大可說『張小姐弄錯了』、『事情不是這樣的』或『雇主其實不是這個意思』等等的話，便可推得一乾二淨，重新向我施壓！這件事或會給他們弄得沒完沒了！」越想越是擔心。之前與張小姐「交手」，全因舉棋不定，才會給人步步進逼，以至他六神無主，「進退失據」。此刻立場既已清晰，又不再給人壓在下風，但卻害怕這個得來不易的局面，會給獵頭公司的一個簡單的調動而遭打破，心中只得一個問題：「應該怎樣做？」卻無拆解之方。

「偉哥，情況有變，但也不難解決。」華哥在電話中說，語氣依然帶有一點懶洋洋的感覺。

原來周偉傑方寸大亂之際，便即想起華哥。他立刻把何先生的短訊轉寄給他，更走到「後樓梯」之內打電話，把事情的始末及自己的擔心說了出來，希望華哥可以再替他出謀獻計，解決眼前這個難題。

周偉傑問：「我應該怎樣做？找一個何先生出來，還不是要繼續在電話之內向我『疲勞轟炸』？若他對張小姐所說的話，來一個死口不認，那我怎麼辦才好？我可不想再跟他們沒完沒了的鬥下去呢！」說到這裡，已感到十分頭痛。

「他們可能是變了陣，臨時把張小姐抽了出來，但其實也沒有什麼大不了。嚴格來說，你是跟他們公司商議的，並不是與張小姐洽談。是何先生也好，張小姐也罷，也是這樣談，根本毫無分別。你應該做的，是問清楚獵頭公司，到底由今天開始，你是應該找誰去談。何先生是臨時的，還是以後由他負責？一般來說，公司不可能這麼闊綽，以兩個說客來招呼你一個。為免混亂，你要問清楚這一點。假設何先生是公司的代表，或許你會怕他口講無憑，對張小姐所講過的事情不認賬。但你不記得嗎？你們的溝通是以電郵為主，你是有紀錄的。就是那位何先生對所有事情都一概不認，你只要把與張小姐溝通的電郵紀錄都轉寄給他就是了。他是代表獵頭公司的，有關張小姐曾答允你的事情，他根本沒有藉口說不清楚。」華哥向他解釋。

周偉傑心裡一寬，說：「這就是了。我差點忘了。我是有電郵紀錄的！」

「無論如何，先弄清楚對方的交涉人是誰，才作打算罷！」華哥再一次強調。

周偉傑問：「那麼，我只有致電給何先生了！他沒有留下電郵地址，若要與他聯絡，非要致電給他不可！難道他們這麼變陣，就是要逼我在電話裡談？」反來覆去的，都是在認為這一切都是張小姐的陰謀詭計。

「在電話裡談，也沒有什麼大不了。其實就是張小姐致電給你，你也可以接聽。完全不聽，似乎有點奇怪。重點是，你只要在電話裡不表態就是了。你記得我建議過的方法嗎？你可以保持緘默，如要說話，則翻來覆去的說『我聽到』、『我清楚』或『我明白』等等，又何必傷腦筋？若人家逼你表態，只要你說待會兒以電郵回覆就是了。」華哥不厭其煩的向他解釋。

這個方法，其實華哥早已教過他不知多少遍。只是現在情況有變，面對的人又不同，周偉傑一時反應不來，給華哥一提醒，才恍然大悟，歉然說：「不好意思！我真的不中用。人家只一個小把戲，便已把我打亂！」

「關心則亂。我早前也說過了，你不是不中用，你只是身在局內，才會亂了陣腳。其實遇到什麼人，發生什麼事，你只須堅守原則，清楚知道自己的目標及『底線』就是了。不要把話說得滿了，處處留有餘地，不可隨便應承人家，也不用胡亂拒絕他們。遇上略為複雜的事情，就是花時間一點，以書信或電郵交代清楚亦無不可。其實這些道理，本就不難明，但只有透過不同的經歷，才會真正領略得到。慢慢來罷！」華哥鼓勵他。

「其實我翻來覆去的，也是說這些道理給你聽。千百年前，我已把所有道理說了出來。我掌中無秘密……」華哥的語氣變得輕佻，竟開始跟他胡說八道起來。

周偉傑也跟著他笑了一笑，說：「阿彌陀佛，弟子明白了。」

周偉傑處理了公司的一些瑣事，用過午飯之後，才打算致電給何先生。他於打電話之前，心裡更早已擬好了一些對答。最重要的問題是：「請問由現在開始，這件事是何先生負責，還是張小姐負責？」若對方是負責人，但又對張小姐所說過的事矢口否認的話，他則會說：「何先生，你有沒有張小姐與我洽談的電郵紀錄？若然沒有，我可以轉寄給你。」若他堅持要在電話裡囉嗦，他便會說：「不好意思，我現在很忙，不大方便。麻煩你跟據我最近寄給張小姐的電郵，把雇主聘用的條款，列點說明，再發一個電郵給我，讓我一併作出考慮，然後盡快給你一個答覆。」他不想有半分差池，甚至把這些對白都寫在草稿之上，反覆練習，才於下午兩時半左右，才致電給何先生。他知獵頭顧問常與客人開會，很多時候，辦公室的直線電話都會直接駁到留言信箱，但手提電話卻是隨身攜帶，便選擇了那個手提電話號碼。

「喂，你好！」何先生於電話裡說。

周偉傑聽到他那把蒼老的聲音，不知為何，竟有一點顫抖，硬著頭皮的說：「我姓周，全名是周偉傑，是回電話給你的。」

「周……周偉傑？」何先生語氣帶點疑惑，竟似記不起他。

周偉傑也是一怔，說：「是。大概於今早十時半左右，我收到你的口訊及留言。」

「周偉傑……我真的想不起來。周先生，不好意思。我剛剛開完會，不在辦公室裡。不若你先留下電話號碼，我整理一下你的資料，才致電給你罷！」何先生提議。

「為什麼他不願意於此刻交代一切？他真的不知我是誰？」周偉傑懷疑。他飛快的推斷，暗想：「他此刻以手提電話與我對答，大概身旁沒有人。難道他想先找張小姐，與她一起致電給我？還是他本來已準備好一些對付我的資料，需要整理一下，才可說給我聽？」他給張小姐纏擾多日，對這間獵頭公司的所有人都不信任，已開始有點疑神疑鬼。

周偉傑不願再跟他糾纏，便說：「不好意思。我現在很忙，不大方便。你有我的電郵嗎？我們可以電郵溝通。我要掛線了……」

「啊！我想起來了。你本來是張小姐的客人！」何先生聽他要掛線，竟忽然「恢復記憶」起來。

周偉傑心裡微感不悅，暗想：「你不要再裝模作樣了。」口裡卻說：「正是！」

「你早前曾與張小姐談過一個工作機會，對不對？我想瞭解一下你的想法。你現在還會考慮找新工作嗎？我知道你要收到額外花紅之後，才會辭職，大概是在農曆新年假期左右罷？我現在還有一個工作機會，與你現在的一樣，是當客戶經理的，你會不會考慮？」何先生問。

他的問題，實是大出周偉傑的意料之外。他滿疑對方會替張小姐討價還價，又怎會料到，他竟有這樣的提議？原先擬好的對答，便不再管用，連忙想：「為什麼要介紹一份客戶經理的工作給我？難道他們想知道我是否一定要轉換行業？若我一口拒絕的話，即代表我還是一心要得到私募基金那份工作。那麼，他們便可以向我繼續施壓了。」又想：「但若我表現得有興趣呢？他們會不會認為我誠意不夠，已完成面試了，還去找別的工作？張小姐甚至可以中傷我，把這件事告知雇主，再推薦其他可以立刻上班的應徵者給他們！」可是，一轉念，已覺得這個想法不大對勁：「張小姐何必這樣做？難得雇主找到了人，她定會設法把交易完成，盡快收到佣金。若她向雇主說三道四，雇主決定放棄我了，也不一定要見她推薦的人。就是見了，也不一定合適，而且，更不知道要等多久，才會有更佳的人選。所以，她就是再討厭我，也不會跟我對著幹的。因為她絕對不會『跟錢對著幹』！」

只一瞬之間，他心中閃過無數念頭。最後，還記得華哥教他的法子，便說：「嗯。我現在很忙，不方便再談。你可以把資料以電郵傳送給我嗎？」

「也可以。」何先生的語氣帶點無奈。

周偉傑在電話之內，把電郵地址告訴何先生，便裝著匆忙的掛斷了線。

他忽然給何先生打亂，不知下一步棋應該怎樣走，只覺自己需要冷靜一下，便到「茶水間」喝了一口水，心裡仍是亂成一團。

「偉傑！」忽聽到一把柔和動聽的中年男子聲音，原來梁老闆剛好也走到「茶水間」。

周偉傑忙說：「梁先生。」見他拿著咖啡杯，笑說：「又要自己沖咖啡嗎？『嬸嬸』請了假麼？」原來專為老闆及客人服務的辦公室助理請了假，梁老闆只得親自到「茶水間」弄咖啡。

梁老闆臉上常常掛著一點微笑，樣子十分祥和，笑說：「是的！連嬸嬸也請假了。我這年仍有很多有薪假期，還沒有時間放呢！」忽然定睛望了周偉傑一眼，笑說：「我知你為了什麼事情煩！但你也不用擔心，應該沒有大礙的。」似是看穿了他的心事。

周偉傑給他一嚇，暗想：「他怎知我在找新工作？」略一定神，看他的神情並無惡意，才猜到是一場誤會，便苦笑：「大陸的玩具行業正走下坡，宏達於這幾年的業績，也無可避免受到影響。此外，那些美國買家要宏達給予的數期越來越長，對它的營運資金造成力，長遠來說，並不是一件好事。」知他應該是在說宏達的事。他一邊說，一邊從梁老闆的手中接過咖啡杯，準備替他沖一杯

「即磨咖啡」。原來，好幾年前，「嬸嬸」不在，周偉傑見梁老闆不懂得用咖啡機，便替他沖了一杯咖啡。自此，每逢嬸嬸放假的日子裡，只要他在「茶水間」遇到梁老闆，都會不厭其煩的為他代勞。

「那怎麼好意思呢！不用，讓我自己來。」梁老闆口中說得漂亮，但卻把杯遞了給他。

梁老闆輕拍他的肩膊一下，笑說：「偉傑，你不用太擔心。這是所有客戶經理都會遇到的事情。唉！我像你年紀一樣大的時候，倒不知處理過多少有問題的戶口？你的客人賺錢之時，毫不相干的人都會走過來領功，你老闆當然會把你的功勞佔去，其他人甚至乎設法想把你的客人搶走。若客人輸錢呢？則一擁而散，或向你落井下石，等到那時，叫天不應，叫地不聞，你只可靠自己承擔。這就是做客戶經理的悲哀命運！」

「嗯！」周偉傑向他微笑一下，卻不答話，似是專心的為他沖咖啡，暗想：「梁老闆是幾十年的『老行尊』，又怎會不知道我的難處？這老狐狸雖然沒腰骨，但勝在夠坦白。他的意思最為明白不過，就是當初這個客人賺錢的時候，他把我的功勞領去。現下有麻煩之際，他卻不理，要我獨力承擔，若情況惡化，甚至乎可能會『棄車保帥』，雖是不負責任，但我卻怪他不得，因為所有老闆都是這樣的。」

他只保持臉上的微笑，不再答話，沖好咖啡，便遞了給梁老闆。

「謝謝！你沖的咖啡，比嬸嬸的好喝得多。」梁老闆接過杯子，還未喝，已對他大讚起來。他緩緩的喝了一口咖啡，似是在細味品嘗，忽然打趣的說：「嗯，你沖的咖啡真的好喝，似乎不比做客戶經理差！為何不去轉投新行業了？開一間咖啡店？銀行已是夕陽行業，或許沖咖啡會殺出一條血路也未可知！」周偉傑不知他是否在皮裡陽秋，給他一嚇，硬著頭皮的笑說：「我要留在銀行裡處理『問題戶口』，可沒有時間沖咖啡呢！」

梁老闆哈哈大笑，說：「宏達的底子厚，其實很多銀行仍在打它的主意。好像『恆大』亦很想跟它合作，只是我們給宏達的息口太便宜了，『恆大』仍有點猶疑。偉傑，現在宏達的情況不算好，我們銀行的風險高了，收它的利息，是不是也應該提高一點？你好好想清楚罷！」恆大是香港最大的華資銀行，又有外資背景作為其後盾，作風較其他華資銀行進取，多年來都保持增長，更搶了很多同行的生意。

周偉傑連忙點頭，說：「我去研究一下。」

「你慢慢研究，給我一個報告罷！」梁老闆說罷，又拍了他的肩膊一下，轉頭便走。

直到此時，梁老闆才向周偉傑暗示了自己的意圖。雖然宏達已償還利息，但他始終對這個客人放心不下，難得恆大想搶走它，只要周偉傑調高貸款息率，便會助恆大一把，不動聲色的「送走」這個客人。當然，梁老闆亦從來沒有把話說得滿了，若將來因少了客戶而生意額不達標，依然仍會怪罪於他。

「唉！大家同坐一條船，這老頭兒始終有想法子，並不是一味的推卸責任。」周偉傑心裡感慨萬分，又想：「若然真的與私募基金談得來，我可要在收到花紅後便辭職，更要立即走，連兩個月的通知期也免了，這好像又有點對不起梁老闆呢！」若然成事，實不知如何面對已相處五年的梁老闆，只覺甚是為難。

想到私募基金的工作機會，即想起那個何先生，心裡又感到十分不安：「到底張小姐和何先生是不是串通的？他們有什麼目的？」心中始終對私募基金的工作機會著緊得多，隱隱覺得，梁老闆對他談不上太差，但也不見得很好。而且，無論如何，也總不能為了怕日後尷尬而放棄大好機會。畢竟，商業世界裡，每人都只會為自己作打算。如何處理面對梁老闆之事，是下一步要想的，現在應該集中精神，與獵頭顧問周旋到底才對。

他返回自己的辦公桌，坐了下來，又想：「何先生曾說：『你早前曾與張小姐談過一個工作機會。』用一個『曾』字，似乎是一個暗示，告訴我與張小姐談的事情已經告吹。一般來說，若獵頭顧問與客人洽談的工作機會將要成事的話，又怎會有同屬一間公司的顧問中途殺入？我們銀行也不會由多個客戶經理負責同一個客人的戶口；我可從來沒有試過有兩個同屬一間公司的顧問給我安排面試！獵頭公司為了增加所有顧問的成功機會，大概會強制員工分享所有應徵者的資料，形成一個資料庫，讓所有顧問都可看到更多應徵者的背景，甚至乎知道他們的近況，讓獵頭顧問可找到合適的人選。可是，亦應該會有一些指引，阻止顧問之間的惡性競爭。若一方的洽談已完成，另外一方卻又安排面試，這豈非讓原本完成的生意增添變數？獵頭公司的最終目的是賺錢，可不是真心為應徵者找工作，大概不會容許這種『損己利人』之事發生。張小姐於今天消失得無影無蹤，同時間，又忽然出現了一個何先生，似是獵頭公司向我暗示，私募基金的工作機會已經告吹！」

「到底私募基金那份工作，是否真的沒有了？」周偉傑暗暗焦急。

周偉傑把所有張小姐寄給他的電郵再看一次，又想：「一直以來，張小姐都不坦白，她只想贏得最大的好處而向我咄咄相逼，前言不對後語，根本信不過！」再細想今天之事：「若張、何二人並非同謀，那麼，我或許可以假設，與張小姐一方磋商的工作機會已經告吹。可是，若他們是串通的話，即雇主仍在等候我的答覆，張小姐不過是稍一變陣，向我大玩花招，目的仍是想向我施壓，是要我立即上班。那麼，於這一刻，關鍵就是，何先生是否她的同謀。」

「那麼，何先生是否同謀？」周偉傑再回想起剛才電話裡的對答。

他一看手錶，已差不過下午四時，忽然手提電話一震，原來何先生傳了一個電郵過來，當中有一份附件，列寫剛才說過的那個工作機會之詳細資料。周偉傑打開了附件，只見密密麻麻的字體，寫滿了數頁紙，卻是言之無物，連雇主是誰也沒有說清楚。其實獵頭顧問給予的資料都是大同小異，絕不會第一次便把所有資料告知應徵者，就是你問他們，也未必會得到一個確實的答覆。寄過來的所謂詳細資料，其實就如宣傳海報一樣，例如會說「工作崗位充滿挑戰，可接觸不同範酬」、「公司文化開明、架構精簡」、「需十年工作經驗，但雇主樂意栽培後輩，仍願意考慮條件未夠，但對工作有熱誠的應徵者」或「如果遇到合適的人選，雇主願意給予十分吸引的薪酬」等等，每次周偉傑看到，都會啞然失笑：「天下間，真會有這麼好的工作嗎？」

周偉傑看著電郵，再想：「這個何先生在電話裡，起初是支吾以對，裝作記不起我。後來我要掛線了，他又立刻『回魂』過來，始終有點可疑。」他剛才與何先生交談之際，已有懷疑，此刻依然堅持著這樣的想法。

「私募基金就是再急，也不可能連幾天的時間也等不及。就是雇主真是等不來，整個招聘的過程，也不可能這麼快便完結。若程序尚未結束，何先生又怎能致電給我？獵頭公司又怎會容許這種情況發生？嗯，張小姐忽然消失了，何先生便立刻補上，他出現的時間實在太過巧合了。」他越想越覺得二人是串通好的，最後想：「何不聽一聽華哥的意見？」

「哈哈！原來如此！那麼情況十分簡單，不似我們剛才想的這麼複雜。你只須當為兩件獨立事件來處理就是了，根本不用傷腦筋。」華哥聽過周偉傑說過關於何先生的事，再知道他的擔心後，即輕鬆的回應。

周偉傑問：「獨立事件？一間獵頭公司裡，又怎會有兩個顧問在同一時間內找我？」

「其實也不算出奇。獵頭顧問的競爭很大，他們只靠佣金為生，對每一宗生意都很重視，就是在同一間公司裡，都是爭過你死我活的，合作的可能性不高，反之，互相搶生意卻是常態。所以，你不妨當他們是獨立的個體來處理。」華哥再解釋。

周偉傑心裡暗想：「嗯，雖然他們以佣金為生，但管理層也不可能要他們競爭至一個自相殘殺的地步，因為這也會損害了公司的利益。大概在他們的佣金制度之上，仍可以加進一些元素，要他們遵守對公司有利的規則。例如規定他們所賺到的佣金，有一部份先扣起，要他們服從老闆的指令，或要他們願意與團隊合作，才會得到全部金額。」這也是不少公司管理前線員工的方法。若前線員工只以佣金為生，好處是，公司在有生意的時候，才須給予他們佣金，更可按各人的工作能力而決定薪酬多寡。其壞處是，前線員工只管生意，不著重團隊精神，甚至乎會為了自身之好處而做出一些損害公司長遠利益的事情。他把這個想法埋在心底裡，沒有反駁華哥，只問：「若他們真是一夥人，想知我的『底線』，那我應該怎樣做？」

「嘻嘻！若你放心不下，又不想處理這個何先生，大可不停的向他提問，便可把他拖延著。」華哥給了他一個十分簡單，但又很有效的建議。

掛斷電話後，周偉傑便打算以電郵回覆何先生，只簡單的問了一句：「請問雇主是誰？」

他把草稿看了幾遍之後，才把電郵寄出。他此刻只希望盡快可以與張小姐「和解」，對何先生所提出的工作機會殊不感興趣，心裡只想：「現在已是差不多下午五時了，張小姐至今依然未回覆我，到底是什麼原因？難道她見我態度強硬，不願立刻離職，所以正努力遊說雇主？」心頭一喜，臉上露出一絲笑容。因為張小姐雖是討厭，但口才了得，若真的跟她在同一陣線，她那咄咄逼人的手段用在雇主之上，實是事半功倍；轉頭卻想：「但若雇主真的堅持要我立刻辭職呢？大概她這種人，也不會浪費時間在沒有結果的生意上，所以便懶得答我。她想必是欺善怕惡之輩，雇主才是她的老闆，她怎能得失？又怎會向他們耍手段？」憂慮之情，又即現於臉上。

「若她和何先生是串通的，志在威嚇我，以示私募基金的機會已消失，為求逼真，當然會不找我！」忽然靈光一閃，心想：「記得多年以前，曾學過一點談判技巧，面對不同的對手，會有相應的手段。對張小姐來說，我現在愛理不理，只以電郵跟她溝通，是屬於『冷漠型』的對手。嗯！應對之方，就是放軟手腳。因為這種人，最不能逼，所以向他們威逼利誘，最不管用。反之，在適當時候，刻意冷待他們，甚至乎假裝交易告吹，卻能引他們露出『底牌』！記得導師曾說，『冷漠型』的對手，雖然外表冷酷，但其實也很希望完成交易。若無興趣的話，即連談也不用談，『冷酷』也懶得裝，所以這種拖延戰術，最是奏效。這定是張小姐的詭計！她見言語不奏效，便以『沉默』來作為武器。我不應她的『舌戰』，以『筆戰』又不能收拾我，便只得玩『心戰』了！」周偉傑似乎終於想通了張小姐的詭計。

過了一會兒，手提電話又是一震，原來是何先生回覆：「雇主是法爾與銀行。」

周偉傑在銀行界已打滾了五年，雖是資歷尚淺，但也有一點脈胳。他知法爾與是全法國最大的銀行，近年收購了一間美國商業銀行，更是如虎添翼。可是，收購之後，即遇上金融海嘯，內部的人事鬥爭激烈，重組及裁員不斷，實是混亂不堪。他亦有兩個朋友在那兒工作，兩個月前，都分別給銀行辭退。他心想：「這間銀行，可算是『人間地獄』！一年前才四出招兵買馬，前陣子便大規模裁員，現在又再請人，實是沒完沒了。」

他一看手錶，已是差不多五時半，仍不見張小姐的回覆，嘆了一口氣，只得繼續以電郵問何先生：「請問這個崗位是新增的，還是補替辭職的雇員？」雖是隨便一問，但也是一般應徵者想知的問題，何先生也不能說他什麼。

再過了一小時左右，才收到何先生的電郵：「是新增的。」

周偉傑好像忽然想通了一些重要的事情，心想：「我何不裝作有興趣？若張、何二人真是同謀，我大可讓他們知道，我對這份工作也有興趣，嚇他們一下，張小姐定不敢再耍什麼花招，還不乖乖的聽我話？」想了一會，起了幾個電郵草稿，仍不甚滿意，最後決定以電郵向何先生說：「這份工作不錯，請讓我想清楚再答覆你。」但仍不敢太過主動。一來，他對法爾與銀行毫無興趣，若說得太正面，何先生真的給他安排面試，他實不知如何推辭；二來，他亦始終有點擔心張小姐會有什麼麻煩的後著在背後。

再過了一小時，已差不多晚上七時半，他正準備下班，但再也收不到何先生的答覆。此外，已是差不多一整天了，張小姐依然沒有跟他聯絡。早前張小姐不停的致電給他，使他不勝其煩。現在卻一整天沒有收到她的回覆，亦教他如熱鍋上的螞蟻一樣。但既然認為這是張小姐的陰謀，若忍不住的向她詢問事情的進展，便可能會露出『底牌』，除默默苦等之外，實已無他法。

下班後，他約了嘉儀，在灣仔「三里屯」裡的一間高級意大利餐廳吃晚飯。

所謂的「三里屯」，其實是一個灣仔的大廈商場的平台。那兒商業大廈林立，商廈又以行人天橋貫通，平日的人流甚多，地產商乘機把商場的平台改建，把地方分成大小不同的店鋪，專門租給一些特色餐廳，形成一個食肆。多年以來，「三里屯」漸漸打響名堂，已成為香港其中一個高級餐廳的集中地。

他們亦算慳儉，甚少會到這些高級餐廳吃飯，只是早前知道這間餐廳推出「團購」，可以付出甚為優惠的價錢於星期三享用晚餐，便決定一試。以一般高級餐廳來說，星期一至三晚的生意都會較淡靜，由其現在剛好過了聖誕節和新年，亦即是大時大節過後的日子，所以都紛紛推出優惠，盡量於這些時候吸納多些客人。其實雖說是「優惠價」，但一個套餐也要差不多二百元的價錢，亦談不上便宜，但現在租金高企，百物騰貴，就是於一些較大眾化的西餐吃晚飯，每位動輒也要至少一百五、六十元，茶餐廳也要六、七十元，相比來說，他們為何不多付數十塊錢，舒舒服服的享受一頓高級晚餐？

二人坐下不久，點了菜，周偉傑便向嘉儀談起今日之事。

「你那位張小姐怎麼樣了？玩完電話沒有？」嘉儀問他，臉上露出頗為鬼馬的笑容。

周偉傑苦笑，說：「妳還在取笑我。我實是比死更能受！」當下把事情的始末交代清楚，亦將心中對張小姐及何先生二人之懷疑向她解釋一遍。

「原來出現了第三者！」嘉儀忍不住格格而笑。

周偉傑嘆了一口氣，說：「妳認為他們是不是串謀的？」

「很難說，你說什麼，我很自然就會信了。但實情是否如此，我卻不敢肯定。只是既然你認為不應該放棄將要到手的花紅，無可奈何之下，也只好放棄了這份工作，任那張小姐耍什麼花招，你根本不用理她。若雇主願意等的話，故然是好。但若它等不及，也沒有法子。你既已盡力，也不用太過介懷了。其實華哥說得很有道理。或許他看不穿二人的陰謀，但二人就是串通好，在表面上，也會裝作毫不相干。既然如此，你大可把二人分開處理就是了。你還沒有簽約，難道便不能繼續找新工作？雇主也不可能只得你一個人選。而且，他們隨時也可再找人。我們此時再留意新工作，又有何不可？反過來說，就是你對法爾與銀行的工作興趣不大，也不代表你已露出『底牌』。你除了私募基金的工作之外，還可以有其他機會，是張小姐無法知道的。此外，你也可以堅持留在華資銀行裡，亦無不可。所以，無論他們是否串通，你都把二人分開來處理，似乎會簡單一些。」嘉儀向周偉傑說出自己的看法。她並沒有想得這麼複雜，亦認同華哥建議的處理方法。

「嗯！」周偉傑只應了一聲，亦覺得嘉儀說得有理，心想：「其實那管對方玩弄什麼陰謀詭計，既然對方的要求已超越我的『底線』，又何須再傷腦筋？」道理雖是這麼說，但這幾天以來，他還不是給張小姐弄得忐忑不安？

他又再嘆了一口氣，說：「其實兩個月的額外花紅，代價是太大了。若雇主堅持要我立刻辭職，就應該給我一點『加盟費』作補償。其實他們就是認為兩個月太多，也至少給我一個月罷？還有幾個星期便會收到花紅，我想這個要求也不算過份罷？可惜張小姐大耍手段，又不准我再與雇主商量。若雇主親口向我說不，我可能還會服氣一點！」

「那張小姐真可惡，但我們的偉哥也沒有示弱，還剛好對法爾與銀行表示有興趣。她現在可能已給你嚇怕。說不定立刻便要寄一個電郵給你，答允你的所有要求呢！」嘉儀笑著說。

正當二人談笑之際，忽感到桌上轉來一陣短促的手提電話震動聲，原來周偉傑剛好收到一個電郵！

HEADHUNTER

周偉傑把那些關鍵字打在互聯網的「搜尋器」之上。在網上談及獵頭顧問的資訊有很多，有一些專門的網站、個人博客或討論區等等，實教人眼花瞭亂，對他們的評論可謂好壞參半。

七、底線

嘉儀溫柔的一笑，說：「似乎我的偉哥贏了！」

周偉傑連忙打開電郵信箱，發覺原來這封電郵，果然是張小姐傳來的，心頭一喜，笑說：「那婆娘似乎終於屈服了！且看她有什麼話要說？」與嘉儀相視而笑，即把電話放在桌面上的中央位置，與她一起側著頭，細閱張小姐的郵件：

偉傑：

關於新工作之聘用條款

聘用條款如下：

一、額外花紅之平均數：一個半月至兩個月左右

二、有薪假期：二十一天

三、強積金安排：雇主與雇員各承擔百分之五。做滿十年的員工，雇主將額外給予百分之五

四、提早解約之賠償（通知金）：全數由雇主承擔

收件人 周偉傑　副本

關於新工作之聘用條款

偉傑：

關於新工作之聘用條款

聘用條款如下：

1. 額外花紅之平均數：一個半月至兩個月左右
2. 有薪假期：二十一天
3. 強積金安排：雇主與雇員各承擔百分之五。做滿十年的員工，雇主將額外給予百分之五
4. 提早解約之賠償（通知金）：全數由雇主承擔
5. 雇主賠償「通知金」的附帶條件：雇員若在一年之內解約，須向雇主償還「通知金」

關於月薪，雇主有兩個方案：

方案一、若你立刻上任，月薪：港幣四萬四千元（加幅：百分之四十七）
方案二、若你要在農曆新年後才上班，月薪：港幣三萬七千五百元（加幅：百分之二十五）

雇主要你立刻上班，並考慮你將會損失的兩個月花紅，因此願意給予你四萬四千元的月薪，亦即是百分之四十七的升幅。其實你雖然失去了花紅，但只要約四個月的時間，新工作給予你的額外薪金，便已抵消你的損失。假設雇主給予你兩個月花紅，即年薪為六十一萬六千元，相比你已在五十一萬元的薪酬來說，首年的薪金增長為十萬六千元。扣除你將損失的六萬元花紅，增長為四萬六千元。

但若你不能答允，堅持要收額外花紅才轉投新工作的話，雇主只能給予你三萬七千五百元的月薪，加幅只有百分之二十五。同樣假設新雇主的花紅是兩個月，年薪為五十二萬五千元，相比你現在，薪酬增長只有一萬五千元。這實是得不償失！

這於現在的機構已五年了，實已到了非走不可的地步，這是關乎你前途的，希望你仔細想楚。只是損失眼前的一點利益，就可以得到一份理想的工作，擁有可觀的收入，長遠來說，對你百利而無一害。雇主希望於**星期四（明天）下班前**得到你的答覆。

此外，我還要花時間向雇主解釋清楚，為何經常找不到你？為何你不肯接聽電話？為何我們已浪費這麼多時間，至今還沒有結論？謝謝！

張小姐

二零一三年一月九日

送出

五、雇主賠償「通知金」的附帶條件：雇員若在一年之內解約，須向雇主償還「通知金」

關於月薪，雇主有兩個方案：

方案一、若你立刻上任，月薪：港幣四萬四千元（加幅：百分之四十七）

方案二、若你要在農曆新年後才上班，月薪：港幣三萬七千五百元（加幅：百分之二十五）雇主要你立刻上班，並考慮你將會損失的兩個月花紅，因此願意給予你四萬四千元的月薪，亦即是百分之四十七的升幅。其實你雖然失去了花紅，但只要約四個月的時間，新工作給予你的額外薪金，便已抵消你的損失。假設雇主給予你兩個月花紅，即年薪為六十一萬六千元，相比你已在五十一萬元的薪酬來說，首年的薪金增長為十萬六千元。扣除你將損失的六萬元花紅，增長為四萬六千元。

但若你不能答允，堅持要收額外花紅才轉投新工作的話，雇主只能給予你三萬七千五百元的月薪，加幅只有百分之二十五。同樣假設新雇主的花紅是兩個月，年薪為五十二萬五千元，相比你現在，薪酬增長只有一萬五千元。這實是得不償失！

這於現在的機構已五年了，實已到了非走不可的地步，這是關乎你前途的，希望你仔細想清楚。只是損失眼前的一點利益，就可以得到一份理想的工作，擁有可觀的收入，長遠來說，對你百利而無一害。雇主希望於星期四（明天）下班前得到你的答覆。

此外，我還要花時間向雇主解釋清楚，為何經常找不到你？為何你不肯接聽電話？為何我們已浪費這麼多時間，至今還沒有結論？謝謝！

張小姐

二零一三年一月九日

周偉傑心想：「其實所謂的兩個方案，也不過是一個幌子。方案二的三萬七千五百元，雖比張小姐第一次拋出的三萬六千元高一點，但以年薪的升幅計算，假設雇主的花紅有兩個月，這個方案只有不足不百分三的升幅，比通脹還要低。通脹也至少百分之四至五罷？其實我留在華資銀行裡，等到四月左右，便已是薪酬調整的季度，一般來說，升幅應該會跟通脹差不多。若私募基金一方，只能給予百分之三的升幅，我為什麼還要轉工作？其實最後仍想逼我選擇方案一，要我放棄花紅，立刻辭職！」

「似乎張小姐仍是死心不息！這個局面，難道真的會沒完沒了嗎？」他苦笑。

嘉儀嘆了一口氣，說：「這個張小姐真是奇怪。若我們真的選擇方案二呢？月薪大減之下，她的佣金也會少了很多。這樣做，只會損人不利己，她又何必如此？」

「因為她知我是絕對不會選擇方案二。我並不是失業，現在的工作還可以，並不是她所講的『非走不可』。以這種情況來說，一般應徵者，又怎會只得百分之三的升幅便滿意？而且，我於較早之前，對薪金一項表現得十分強硬，她不可能不知道我的立場。所以，這不過是她的小把戲，其目的不過是想誘使我選擇方案一！嘿嘿！比較之下，方案一看起來實是吸引得多呢！」他向嘉儀解釋。

忽然，周偉傑越想越是惱怒，說：「幸好我要她『白紙黑字』的寫清楚，到底雇主每年會發放多少花紅。原來一直以來，她所講的所謂『約兩個月』之意思，其實是一個半月至兩個月。嘿嘿！平均值應該是一個數字，又怎會是一個幅度？近年經濟不景氣，這個雇主會給予我多少花紅呢？我估計只會有一個半月！她在議價初期所講的兩個月，根本是信口開河！」

他即打開手提電話的計算機功能，一邊計，一邊說：「經濟不景氣，我們應該保守一點，以一個半月的花紅來推算。嗯！方案二的年薪，就只有……五十萬零六千二百五十元，即比我現在五十一萬的年薪還要低，根本不可能！方案一則有……五十九萬四千元，升幅亦只……有百分之十六，增加的金額則是……八萬四千元。雖不算是很差，但一點也不吸引。而且，這方案的條件是要我放棄那將要到手的六萬元花紅，第一年的升幅，就只有兩萬四千元。」

「這張小姐說話不盡不失，真是可惡。」嘉儀搖頭嘆息的說。

周偉傑再多讀了電郵一遍，說：「嗯，較早之前，她曾拋出一個限期，要我盡快答覆。華哥曾指出，就算那是雇主的意思，張小姐也不可能這麼毫無修飾的向我說出來。因為獵頭顧問最想完成交易，在正常情況之下，都會留有一點餘地，不會把話說得太死板。所以那時斬釘截鐵的要我在限期之前回覆，不過是在逼迫我。可是，現在她依舊說出一個限期，但態度客氣得多，再沒有威嚇的味道，還有一整天的時間給我想清楚。這反而可能才是雇主定下來的真正限期。」

「有道理！你於上星期五完成面試，一般來說，雇主開出條件後，應該會給予應徵者足夠的時間去考慮，大概是一個星期左右罷！以此推斷，雇主的限期應該是今個星期五左右，獵頭顧問亦要有一點餘裕，所以便請你明天下班前答覆了。」嘉儀這樣的推想。

「嗯！情況應該是這樣。」周偉傑亦同意她的想法，拿起電話，按了幾下，又說：「我剛才把張小姐的電郵轉寄了給華哥，我想聽聽他的想法。」嘉儀點頭稱是，說：「難得華哥肯幫忙，多聽聽人家的意見也是好的。」

此時，侍應剛好奉上了餐湯與麵包，周偉傑便收起手提電話，與嘉儀一起用膳。

他一邊吃，一邊想：「張小姐所講的兩個方案都不吸引，我應該怎樣拆招？另外，張小姐仍是死性不改，在電郵的末端，又再開始恐嚇我。為何我們已浪費這麼多時間仍沒有結論？還不是因為你這婆娘在搗局？若你讓我與雇主直接交代清楚，又怎會弄至這個田地？雇主若真的等不及，也應該盡早找其他人，又何苦要我受這些『精神虐待』？嘿嘿！為什麼我不肯接聽妳的電話？妳自己說好了。妳為了自己的利益，向我步步進逼，延誤了進度，如今還想將責任推卸給我？其實妳指責我不聽電話，不過是給華哥建議的『筆戰』破了她擅長的『舌戰』，輸得一敗塗地，深心不忿而在漫罵！」腦海裡，都不停閃過這幾天以來討價還價的情景，連自己吃了什麼也不大清楚。

吃完飯後，他和嘉儀在與「三里屯」相連的行人天橋散步，信步而行，走到灣仔海傍一帶。寒風陣陣，天氣甚冷，幸好二人都備有厚衣，只站在行人天橋上遠眺海邊的夜景。

嘉儀伏在周偉傑的懷裡，說：「其實你也不用太擔心。既然我們已大概知道雇主定下來的限期，很快便要揭盅了。若他們真的不願意等，那也沒法子。農曆新年假期後再找工作罷！說不定會找到一個更好的機會呢！」

周偉傑微微放開了嘉儀，凝望著她，說：「我沒有擔心，這問題實是多想無益。」

「那剛才我們吃的晚餐主菜是什麼？」嘉儀忽然問。

周偉傑微微一怔，答：「一客牛扒，還有……」

「你還說沒有擔心？連自己吃了什麼也不清楚。我們今天吃的是羊扒。另外一客則是海鮮意大利飯。」嘉儀抿嘴一笑的說。

周偉傑苦笑：「唉！我本就不應該再想，但煩惱之事，卻會自行纏擾著我的心。」

嘉儀嘻嘻一笑，說：「這可不是自尋煩惱嗎？」

「正是！我現在想，應該怎樣回覆張小姐。每次想起，心跳也會加速！」周偉傑甚覺苦惱。

嘉儀伸出右手，輕輕按著他的心口，笑說：「讓我試試安撫你的心罷。」一會兒，又道：「我真的不知應該怎讓回覆張小姐才對。其實，我也搞不清楚那些事情是她的詭計，那些是雇主真正想要的。我也不能像華哥一樣，有這麼多好計謀。偉傑，我是不是幫不了你的忙？」

「不是，你可不是在安撫我的心麼？現在已好得多了。」周偉傑笑說。

嘉儀甜甜一笑，再伏在他的懷裡，良久無語。

送了嘉儀回家後，已是晚上十時。周偉傑獨個兒坐在「地鐵」裡，忽聽到手提電話響起。

「偉哥，你打算怎樣做？」原來致電給他的是華哥。

周偉傑嘆了一口氣，說：「我也不知道應該怎樣做。我不能放棄花紅，所以不能選擇方案一，但也不能接受方案二的月薪。而且，張小姐早前還在胡說八道，原來花紅應該只得一個半月左右。」

「這個容易，你給她方案三就是了。」華哥語帶輕佻的說。

周偉傑微覺奇怪，問：「方案三？」飛快的想：「即把她提供的方案稍作改動，繼續跟她談？」這不過是討價還價之時，經常會使用的技巧，只是他給張小姐纏擾多時，腦海裡竟一時間跳不出她所定下來的框架；給華哥一提，才豁然開悟。

「我的方案三，應該是……農曆新年假期後，亦即二月中旬後才上班，但月薪維持在四萬四千元？因為花紅應該只得一個半月，現在的升幅，不過是百分之十六左右，還可接受，但一點也不吸引。你認為怎樣？」周偉傑又問。一直以來，他都對華哥都十分信任，既然已把大部份與張小姐洽談的電郵都轉寄了他，在薪酬之上，也沒有什麼秘密，所以便直接徵詢他的意見。

華哥想了一會，說：「單以討價還價的角度來說，這是有點困難的。因為人家已表明，四萬四千元，是考慮你將要失去的兩個月花紅。若你又不願減點價，但又堅持在農曆新年假期後才上班的話，張小姐可下不了檯呢！好歹也減一千元罷？」

「但是……減一千元，升幅應該低於百分之十四。我可接受不來。」周偉傑說。

華哥補充：「嗯！應該這樣說。這是你『底線』在那裡的問題。我只是單從討價還價的技術層面上跟你談。你的定價問題，應該由你自己去決定。」

「那麼……我應該怎樣去定價呢？」周偉傑剛一開口，已知這個問題不大對勁。如何定價，應該由自己想清楚。華哥既已表明只會從議價的技術層面之上給予他意見，又怎能再追問這些較為敏感的話題？

華哥說：「交易應該是互惠互利的。你死我活的情況並非常態。其實每次定價之時，都撫心自問一下，這一個要求，是否合理，有沒有過份？自己想要的東西，對方能否接受？我又用什麼條件去交換呢？一般來說，大可以市場的價格及慣常之做法作為參考。」

周偉傑一邊聽，一邊想：「還有幾個星期便收到額外花紅，我這個要求並非不合理。四萬四千元的月薪，現在聽起來雖是有點誇張，但以我的工作經驗、學歷及專業資格來說，絕不過份。只不過是華資銀行的薪酬制度是『低月薪、高花紅』。年薪的升幅是百分之十六左右，也是很合理的。」想了一會，忽問：「那麼你認為，我以年薪的的升幅來討價還價，是否合理？」

華哥想了一會，說：「其實這麼多年來，我也是以年薪來跟雇主議價的。在金融業裡也是常態。當然，各人的利益立場不同，想法各異。對雇主來說，你的花紅不算差，但他們的，卻不怎麼樣，當然是以月薪來跟你談。反之，若雇主的花紅吸引，他們則會以年薪來說服你。」

「嗯。是的。當年我面試見梁老闆之時，他也是不停的向我說，他們的花紅很吸引，很穩定，是以年薪的升幅來跟我談的。」周偉傑突然想起五年前的舊事。

華哥笑說：「這就是了。怎樣去計算對你最為有利，你就會以什麼方法來計算。當然，一般工作，都是屬於中、長線的。例如，若你一年之內便辭職，大部份人都會覺得時間太短。一、兩年呢？也不算長。兩至三年時間，則不會說你太短，但也不會說是太長。五年時間或以上，就可以叫做長了。若以此推論，即一份工作的『合理年期』，若為兩、三年左右。既然以『年』為單位，你以『年薪』來作慮，也很合理。當然，若這份工作的年薪增長不高，但制度是『高月薪，低花紅』的話，薪金部份提高了，變得較有保障，對你來說，也是有好處的。只是這個好處，是否足以讓你決定轉投新工作，那就因人而異了。」

華哥又說：「還有一點，你是需要處理的。」

「什麼？」周偉傑問。

華哥繼續說：「張小姐在電郵之內，質問你為何不接聽電話，又說要向雇主解釋清楚，為什麼談了這麼久，仍沒有結論。這一點，也要拆解一下，以免給人留下話柄。」

「唉！是的。可是，她不過是說晦氣話，難道她真的要向雇主解釋嗎？難道她真的會在雇主之前說我不合作嗎？她九成是在狐假虎威，給說話我聽！」周偉傑甚為氣憤的說。

華哥笑說：「你也可以向她解釋。其實你的工作很忙，只要簡單的說明理由就是了。此外，你亦要說清楚，雖然你不方便接聽她的電話，但其實你們一直以來，都是不停的以電郵溝通，再給她列一個列表，說明她何年何月何日找你，你又何年何月何日作出回覆，一目了然，她便不會再說三道四。要不然，她此刻給了你這個指控，你不回應的話，她便會把這個罪名強加在你身上，可能是說你不合作，累她要向新雇主求情云云，於下一步的討論當中，便會以此作為藉口，不停的向你施壓。雖然你不怕她，但為免張小姐變得太煩厭，倒不如現在先行處理好這一點，從此樂得耳根清靜。」

「這個主意甚好！以電郵溝通，一切也有紀錄，也不把她的花招！」周偉傑說。

華哥說：「口講無憑，『白紙黑字』的列明，當然較好。只要你不是立心不良，謊話連篇，又怎會怕於電郵上逐一列明細節？當然，文字上的謊話一樣是千變萬化，是否看到箇中的玄機，也要看你的修為。不過，張小姐之流，層次太低，還沒有這個水平，根本不用擔心太多，所以此乃後話。」

「華哥，謝謝你一直以來的幫忙！」周偉傑這幾天以來，都不停的找他，只覺得有點不好意思，便再一次認真的向他道謝。

華哥漫不在乎的說：「也不用客氣。你這件事，相比當年大學及中學時代的題目容易處理得多，也不用傷多少腦筋！」說罷，即大笑起來，忽問：「明晚會去泰拳館嗎？」他們每周也會到泰拳館兩次左右。這個星期於周二晚已上了去一次，一般都會於周四晚再上去。

「好的！好讓我在限期前答覆張小姐之後，運動一下，出一身汗。」

回到家，稍作休息，梳洗一番後，已差不多是晚上十一時。

他坐在電腦之前，準備撰寫回覆張小姐的信件，想起薪金的問題：「嗯，四萬四千元是一個合理價，若再減一千元，則只有不足百分之十四的升幅，我可不會考慮。只是，若堅持不減的話，正如華哥所說，在談判的禮儀上，又好像有一點理虧，應該怎樣做才對？」心中一動，即想到一個十分簡單的方法：「減價一千不行，那就減五百元罷！嗯，亦即是四萬三千五百元，若把一個半月的花紅一併計算在內，年薪是五十八萬七千二百五十元，升幅剛好是百分之十五。這已是我的『底線』了。」其實以數萬元的職位來說，討價還價之際，多以千元作為單位，他只肯減價五百元，把議價的單位降為百元，亦即向對方暗示，減價空間已不多，這已是我的『底線』了。一方面，他給了張小姐一點下檯楷，另一方面，也表明自己的強硬立場，可謂一石二鳥。」

雖然已有打算，但仍不知怎樣「動筆」，只呆在電腦之前，忽想：「到底張小姐與何先生是否串通好的？」雖然張小姐已再「出現」，此一節已變得無關重要，他亦反覆的告訴自己，應該集中精神撰寫電郵才是，但這個「懸案」卻一直纏擾著他，似乎非要找出答案不可。

驀地裡，他想起可以從何處求得答案：「嗯！我何不在互聯網上一找？只要打『獵頭顧問』、『詭計』、『奇招』或『奸招』等『關鍵字』，應該可以找到一些相關的資料。」其實像周偉傑這一代人，已十分習慣在互聯網搜集資訊。在學生時代，更經常從網上找尋資料，東找一點，西抄一些，拼成各式各樣的習作或報告。甚至乎，他們更會從不少討論區之中，找到功課、測驗及考試的答案，可謂包羅萬有。他於初出茅廬之時，也是從大學的聯合工作招聘網站中，學習到面試的技巧及得到各種相關的訊息。可是，近幾年來，年資漸長，已有很多獵頭顧問主動介紹工作給他。在不知不覺之間，已漸漸依賴了他們，越來越少會主動求職，亦甚少從網上找尋招聘的資訊。雖然他亦曾在一些討論區之中，看到有關獵頭顧問的評價，但草草看了，卻從來沒有深究過。

他想及此處，越覺慚愧：「其實每次與獵頭顧問交談，他們亦會把很多資訊告訴我，在潛意默化之下，可能已影響得我很深。其實大家的利益立場不同，就算他們所講的是事實，我也應該從不同角度去分析清楚！根據獵頭顧問所講，所有雇主都是好的，所有工作機會都是千載難逢。名氣大的公司，當然是不輕易請人，所以他們開什麼條件也應該考慮。名氣少或規模不大的，則一定是一間增長迅速的機構，就是薪金不吸引也不打緊，因為潛力無限。此外，所有雇主都是一毛不拔，不願高薪挖角。雇員一定是面臨激烈的競爭，很難獲得加薪，最好就是各人都願意作出不同層面的犧牲來換到工作，讓獵頭顧問好辦事。唉！道理我不是不懂。單是應付一、兩個謊話不難，但這些真假難分的資訊，像排山倒海的湧過來，卻往往又能自圓其說，最終我還是會著了他們的道兒！以後找工作之時，亦應該從更多不同的渠道搜集資料才對！」

周偉傑把那些關鍵字打在互聯網的「搜尋器」之上。在網上談及獵頭顧問的資訊有很多，有一些專門的網站、個人博客或討論區等等，實教人眼花瞭亂，對他們的評論可謂好壞參半。一些網站，是一面倒的讚好；另一些網站，則以記述行業的「奸招」為賣點。

他好奇之下，先看那些讚美之評論，大概都是「他們很專業」、「會給你貼身的意見」、「獵頭顧問的利益與應徵者是一致的」和「他們會確保你的資料保密」等等，直如宣傳廣告一樣。他雖不知道這些評論的來源，但這樣一面倒的正面評價，教人不禁想：「這些評語，實不知是否獵頭公司找『網絡打手』寫的。」當今之世，「網絡打手」甚為普遍，所以任何從網上看來的資料也不能盡信。當然，其實每一個行業，都會有好人與壞人，或許這些寫評語的人並非「網絡打手」，而是他們真的非常幸運，遇到了很好很專業的獵頭顧問。另外一個可能性，則是這些人，給獵頭顧問欺騙後，仍是無知無覺，還以為人家是好人。

他再看那些負面評語，其中一個網站指出：「有一些獵頭顧問，不停的在報紙登廣告招聘，其實根本沒有任何工作機會在手，志在收集履歷表。」他心想：「這一點不奇怪，其實早已是人人皆知，不算是什麼秘密。」一些內容相近、全年不停刊登的招聘廣告，多半是獵頭顧問用來搜集履歷表的。此外，其實一些雇主也可能會這樣做。甚至乎，他們還會安排面試，目的當然不是請人，而是透過面試，乘機搜集行情、及探聽競爭對手的秘密及動向等等。

另一個網站，則言道：「一些獵頭顧問打電話來，說有一個工作機會給你，其實根本不是事實。他們只想更新一下你的狀況，或乘勢從你的口中探知你雇主的聯絡方法及一些有關你公司的近況等等。重點是曲線的去試探一下，公司是否在招聘。你們不發覺嗎？很多獵頭顧問致電給你之後，都忽然消失得無影無蹤，怎樣也再找不到他們。他們查到自己想要的資料後，當然是頭也不回，遠走高飛！」他心念一動，想起：「啊！剛好也有獵頭顧問找嘉儀，亦曾向她問了一大堆問題，之後便沒有下文。他們確是在搜集資料，但他們能否從嘉儀口中探知公司招聘的訊息？」回想起來，他亦曾不只一次的遇過這種情況。只覺或許獵頭顧問未必可以從一般應徵者口中得知公司是否進行招聘，但部門裡有多少人，基本架構是怎麼樣，老闆是誰等等，應徵者亦會很自然透露給他們知道。這些零碎的資料未必管用，但加起來的話，亦可以讓獵頭顧問對一間公司或一個部門的近況掌握得更多，亦簡接增加了他們成事的機會。

他又看了一段：「當獵頭顧問介紹工作之前，都可能會問你有沒有在找其他工作。他們會解釋，這是為了避免與其他獵頭公司一起，介紹同一份工作給你，因為若其他獵頭公司已替你與某公司洽談，他們便不可插手，所以先要搞清楚你現在正與什麼雇主商討。其實他們是在撒謊！他們大可直接向雇主查詢，又何必問你？一來，他們想知道你有多少個機會在手，等到在議價之時，便會有相應的手段；二來，他們只不過是想從你口中查知，還有那一間公司在招聘，乘機去分一杯羹而已！」只覺這一招甚是有趣，心想：「這招才算是真正的一石二鳥！」

他又瀏覽了另外一個討論區，當中見到一個留言：「有沒有獵頭顧問在議價階段時，才說你的『叫價』太高，說雇主不可能給予你這個數？他們還會說，大家都是『同坐一條船』，你的薪金高，他們的佣金亦會較高，著實已是為你爭取到最好的條件。其實這也是一派胡言……」他心想：「其實不只張小姐說過這些話，從前也聽過其他獵頭顧問說過類似的話呢！」他繼續看那個留言：「若雇主不能給予你要求的薪酬，差距太大，獵頭顧問一開始便不會花時間在你身上。此外，你的薪金提高，他們的佣金卻不一定相應增加。因為雇主給予獵頭顧問的佣金，雖然與應徵者所得到的薪金相關，但不少雇主為了要獵頭顧問替他們『壓價』，已把佣金制度作出修改。例如，若獵頭顧問成功『壓價』的話，他們得到的佣金反而會更高。」他從前也相信獵頭顧問是與他「同坐一條船」的，直至與張小姐交手，再得華哥點醒，才明白獵頭顧問與雇主才是同氣連枝。可是，他仍不全盤明白，為何獵頭顧問經常會主動替雇主『壓價』。直至看到這個留言，才恍然大悟：「我真的很蠢！雇主請獵頭顧問回來，有怎會要他們跟自己對著幹？雇主為了自身的利益，當然會把給予顧問的佣金制度作出調整，使獵人顧問替自己辦事。」這道理十分顯淺，但他始終與獵頭顧問交手的經驗不多，加上耳濡目染之下，都不會仔細想清楚大家真正的利益關係。

他在互聯網世界之內，看到很多獵頭顧問為了完成交易而各出奇謀詭計的個案，他們的手段可謂五花八門，實教他大開眼界。或許當中會有一些不盡不失的地方，但所述之事，只要有三、四成當真，已是非同小可了，慨嘆自己應該早一點接觸這方面的資料才是。當中，他發覺英文網站所記載的資訊，好像齊備一些；中文網站則較少涉及這方面之事。或許獵頭公司是西方國家傳來的產物，在亞洲各國的歷史不算長，所以談及這個行業的事情或進行種種的揭秘，都是外國人在行一些。

「唉！互聯網之上，似乎也沒有談及兩個獵頭顧問一起串通的例子，難道我錯怪了他們？嗯……互聯網找不到，不代表沒有。只是每一個行業，都總會有一些『不傳之秘』。唉！無論如何，這一切已不再重要了。」一看鬧鐘，才知已是凌晨一時，便把搜尋網上資訊的事暫時擱下，開始撰寫回覆張小姐的信件：

張小姐：

關於新工作之聘用條款

參考了妳的建議，我提議以下的方案，供雇主考慮：

一、月薪：港幣四萬三千五百元

二、額外花紅之平均數：一個半月至兩個月左右

三、有薪假期：二十一天

收件人 張小姐 副本

關於新工作之聘用條款

張小姐：

關於新工作之聘用條款

參考了妳的建議，我提議以下的方案，供雇主考慮：

1. 月薪：港幣四萬三千五百元
2. 額外花紅之平均數：一個半月至兩個月左右
3. 有薪假期：二十一天
4. 強積金安排：雇主與雇員各承擔百分之五。做滿十年的員工，雇主將額外給予百分之五
5. 提早解約之賠償（通知金）：全數由雇主承擔
6. 雇主賠償「通知金」的附帶條件：雇員若在一年之內解約，須向雇主償還「通知金」

若雇主全數承擔「通知金」部份，我最早將可以於農曆新年假後，亦即二月下旬上班。

此外，近這星期以來，公務繁忙，除了日常業務之外，亦要經常與老闆及客人開會，因此未能接聽張小姐的電話。但無論如何，我與張小姐於每天仍有緊密的電郵聯絡。由上星期五至今，我發給張小姐的電郵，最少每天一次，最多則每天四次，而張小姐的電話、短訊及電郵，我亦已盡快回覆。我對雇主的機會十分重視，但若因為與張小姐洽談細節，而把現在的工作擱下，損害了華資銀行一方之利益，仍甚為不妥。

若雇主有疑問，煩請把附件一轉寄給他們。附件內有一列表，詳細記下我們電郵往來的日子及時間，以供他們參考。我亦把所有電郵的內容儲存好，如有需要，亦可一併轉寄給雇主。希望這些資料，可以替張小姐於雇主面前，把情況解釋清楚。

謝謝妳的幫忙。

周偉傑謹啟

二零一三年一月十日
附件一

附件一.xlsx 移除 下載

四、強積金安排：雇主與雇員各承擔百分之五。做滿十年的員工，雇主將額外給予百分之五

五、提早解約之賠償（通知金）：全數由雇主承擔

六、雇主賠償「通知金」的附帶條件：雇員若在一年之內解約，須向雇主償還「通知金」

若雇主全數承擔「通知金」部份，我最早將可以於農曆新年假後，亦即二月下旬上班。

此外，近這星期以來，公務繁忙，除了日常業務之外，亦要經常與老闆及客人開會，因此未能接聽張小姐的電話。但無論如何，我與張小姐於每天仍有緊密的電郵聯絡。由上星期五至今，我發給張小姐的電郵，最少每天一次，最多則每天四次，而張小姐的電話、短訊及電郵，我亦已盡快回覆。我對雇主的機會十分重視，但若因為與張小姐洽談細節，而把現在的工作擱下，損害了華資銀行一方之利益，仍甚為不妥。

若雇主有疑問，煩請把附件一轉寄給他們。附件內有一列表，詳細記下我們電郵往來的日子及時間，以供他們參考。我亦把所有電郵的內容儲存好，如有需要，亦可一併轉寄給雇主。

希望這些資料，可以替張小姐於雇主面前，把情況解釋清楚。

謝謝妳的幫忙。

周偉傑謹啟

二零一三年一月十日

附件一

於信件當中，他把二人的電郵溝通時間列表說明，交代得清清楚楚，更建議把所有電郵都寄給僱主，隱然有一點威脅之意。他心想：「若僱主真的過問，我大可把所有信件給他們看，且讓大家說，到底誰在浪費時間。我真很想知道，張小姐的用字毫不客氣，常常語帶威逼之意，這是不是僱主的意思？」當然，想深一層，除非僱主一方主動提出，張小姐根本不可能在事成之前，讓僱主與他溝通，更不會真的把自己的電郵寄給僱主，始終亦明白：「所謂僱主見怪一說，不過是她用來威嚇我的小把戲罷了。」

他寫完這封電郵後，依據平時的做法，略為添筆潤飾，多看了幾遍，確保無誤，便把草稿儲存在電郵信箱之內，並不即時寄出，心想：「我已清楚提出自己的方案，大概張小姐不會再打擾我罷？其實這個方案提出的薪金升幅，不過是年薪百分之十五左右，不算很吸引。當然，薪酬的制度以固定的月薪為主，佣金部份大減，這樣似乎會較穩定及有保障，這也是要考慮的因素之一。此外，這是一個轉換行業的機會，但這可以是好，也可以是壞。財務分析員的前景真的很好嗎？自問也不敢肯定，其實這一切也很難說。簡單的去想，既然提出的月薪已是我的『底線』，縱使張小姐再向我施壓，我也不用再理會她。是僱主的意思也好，是她的鬼主意也罷，這已是我的『底線』，也是我的原則，就是再多減五百元，我也不會考慮，這是原則的問題！」想到這處，心境終於漸漸輕鬆起來，又想：「限期是明天下班前，我便大概下午五、六時左右寄給她就是了。」把電腦關掉，致電給嘉儀閒話幾句，已差不多凌晨兩時。

他掛斷了電話線之後，即走到廚房，打算先喝一點水，才上床進睡。其時，屋內的燈及電視早已關掉，周偉傑的父母亦已進睡。他微感歉意，想：「這幾天為了私募基金的機會而煩惱，一回家便躲在房間裡。雖與父母同住，但連跟他們打個招呼的時間也沒有。不知他們會不會責怪我？」

喝完水以後，從廚房走出來，忽見客廳內的小貓卡布。卡布被困在寵物籠之內，瑟縮一角，似是悶悶不樂，剛巧好像給他的腳步聲吵醒，抬起頭內，做了一個「喵」的口型，卻沒有發聲。牠雙眼又圓又大，表情甚是楚楚可憐。

他知卡布只做口型，是在撒嬌，便走過去，微笑的說：「卡布！」

卡布又做了一個「喵」的口型，過了一會，又垂頭喪氣的伏了下來；一雙眼，仍是望著他。

「很想走出去籠嗎？」周偉傑笑問。

他把手指伸進籠裡，撫摸卡布的頭頂。卡布的脖子一伸，把頭頂著他的手指，讓他為自己按摩，咪起雙眼，更發出「呼嚕、呼嚕」的聲音，他見卡布的樣子十分享受似的，心裡也感到欣喜。一直以來，他都覺得卡布被困籠裡，與自己身在困局之內的情況甚為相似，便安慰牠，說：「放心罷！多等一會兒，等你大一點，我便會把籠收起來。等到那時，你喜歡走到那裡便走到那裡。無論如何，你很快便會走出這個困局！」

星期四的早上，周偉傑回到辦公室，如常的工作。略為空閒之際，便以手提電話登入電郵信箱，把將要寄給張小姐的信件多看一次，然後把自己的決定再想一遍。反覆了好幾次，只覺得這想法越來越堅定，電郵亦沒有什麼可以改動。既然此刻已交代得一清二楚，便再沒有什麼值得擔心的地方。甚至乎，他已作好準備，若這個機會不行的話，便即打算在農曆新年假期後，再繼續找工作。

直至下午五時之後，他再重覆的看了那封信件一次，才終於把電郵寄出。

如過往不同，張小姐沒有作出即時的回覆。周偉傑於下班後到了泰拳館，與華哥一起練習。既然張小姐沒有新的訊息，二人也再沒有談起此事。周偉傑亦似乎真的從困局裡走出來，雖然他昨晚凌晨兩時才上床，體力不甚佳，但鬥志可嘉，「試招」之時，更十分專注，與華哥鬥了三局，依然是難分難解，誰也勝不了誰。

翌日，星期五早上九時半，周偉傑的手提電話再次震動，張小姐終於傳來一封電郵。

「我本來也感到溫暖的，但聽妳竟說出這樣肉麻的說話，忽然感到陰風陣陣，寒氣逼人，非運功抵禦不可。」周偉傑說，只覺有趣，自己也忍不住大笑起來。嘉儀輕輕打了周偉傑的胸膛一下，亦陪著他一同大笑。

八、終結

周偉傑雖已作好決定，本應不再為此事煩惱，但此刻看到張小姐的電郵，不知為何，心情仍是十分緊張，頓覺心跳加速，一顆心像是跳了出來一樣，暗想：「終於要揭盅了！」深深的吸一口氣，才打開電郵，看到張小姐這樣寫：

偉傑：

關於新工作之審批

謝謝你的回覆！我已把你的方案轉告了雇主。雇主的審批程序需時，可能要等一些時間，才會有消息。希望一切順利，祝你好運。只要一有消息，我便會盡快通知你。

張小姐

二零一三年一月十一日

收件人 周偉傑　　副本

關於新工作之審批

偉傑：

關於新工作之審批

　　謝謝你的回覆！我已把你的方案轉告了雇主。雇主的審批程序需時，可能要等一些時間，才會有消息。希望一切順利，祝你好運。只要一有消息，我便會盡快通知你。

張小姐

二零一三年一月十一日

送出

他看到這個電郵，得知張小姐終於願意將自己的方案呈交給雇主，只覺如獲大赦，歡喜異常。

自從與張小姐交手以來，這實算是她最客氣的一次，可謂判若兩人。周偉傑起初還道她應該會繼續「壓價」，怎料竟就此收手？按理說，若她不再糾纏下去的話，雇主聘請他的機會應該甚大，因為整個招聘的過程都十分順利，他相信雇主早已選定了自己。與張小姐討價還價多時，他一直以來堅持的四萬四千元月薪，她亦沒有太大的異議，現在他還減價五百元，所以在薪金一事上，亦應該沒有什麼難度。

唯一的關鍵，就是何時上任這個問題上。

周偉傑一直相信，張小姐為了可以盡快得到佣金，當然會逼他盡快上班。以獵頭顧問的角度來說，當雇主願意賠償「通知金」，要他盡快上班的一刻，張小姐已站在十分有利的位置。由於在一般情況下，獵頭顧問要等到雇員通過了首三個月的「試用期」之後，才會正式收到佣金。否則，若雇員於「試用期」完結前便辭職，雇主分毫也不用給獵頭顧問。張小姐最擔心的，當然是周偉傑於首三個月之內請辭。如今，雇主願意替周偉傑向華資銀行賠償「通知金」，更定下附帶條款，限制他於一年之內不可辭職。因此，他到那所私募基金上班之後，在正常情況之下，絕不會未滿一年便辭職，否則，便要向雇主賠償「通知金」。換句話來說，只要雇主同意付出「通知金」，張小姐的佣金，便已「袋袋平安」了。但雇主既然同意了給「通知金」，亦會希望他盡快可以上班，當然要張小姐來逼迫他。

可是，雇主到底有沒有請人的急切需要？

雇主聘請的是財務分析員，是一個新增設的崗位，原本已有人手。就是工作堆積如山，也不可能連幾個星期的時間也等不及。此外，臨近歲晚，不少雇員都在等候額外花紅，於金融界裡，願意在這時候放棄花紅的人，理應不會太多。此外，對雇主來說，最怕就是找不到合適的人選，只要遇上了他們認為可以勝任的應徵者，很多事情都會有商量的餘地。周偉傑並沒有開天殺價，要雇主多等數周的要求，也是在情理之內，雇主亦從來沒有提出過拒絕他的具體理由。除非他們是內有隱情，真的是十萬火急罷？但若他們真的這麼焦急，堂堂一間大機構，又怎會不能多給周偉傑那區區數萬元的「加盟費」？

這幾天以來，周偉傑都是反覆的推敲，此際見到張小姐的一句「審批程序需時」，心裡感到更加踏實：「既然雇主內部亦有審批程序，亦即是說，他們就是真的想快，也急不來。現在已是一月十一日，與農曆新年假期，還只有四個星期左右。我雖不是什麼人才，但於金融界裡，聘請一個普通中層，等候四個星期，付出六萬元的『通知金』，再加上十多萬的佣金給予獵頭顧問，也是稀鬆平常之極。既然雇主有意聘請，問題應該不會很大，所謂的審批，也不過是一些文件功夫罷了。」心念及此，越來越覺得放心，忽想：「審批程予要多久？按一般的習慣來說，我想大概一個星期左右罷！我既已列明要求，雇主亦應該在一個星期之內便會有答覆。」

他知道現階段除了「等」之外，已沒有什麼事情好做，便不再多想，重新開始專心工作。

可是，直到一月二十一日，星期一的早上，已超過了一個星期，竟還沒有收到張小姐的消息。

這一個星期多以來，周偉傑雖仍在等候張小姐的答覆，偶然也會想起此事，但已再無當初那種焦慮之情。此時，他發覺張小姐已有一段時間沒有聯絡他，暗想：「又過了一周了，難道雇主真的連數個星期也不願等，早已把我拋棄？」本欲致電給張小姐問個究竟，但一轉念：「或許她已差不多收到好消息，只是一直以來給我佔盡上風，深心不忿，所以才不致電給我，要我去找她，好讓她在最後的階段，再嘗試替雇主『壓價』，以賺取更多的佣金！」但又覺得不大對勁：「已這麼久了，好歹也應該有些消息罷？是否應該找她呢？」想深一層：「嗯！若她有好消息，自然會找我，難道有生意也不想做嗎？若雇主放棄了我，她也不會浪費時間來告訴我。他們的眼裡只有錢，又怎會花時間來通知我一聲？此外，雇主就是去找其他應徵者，一來，她未必知道。二來，就是知道，她也不會如實的說給我聽，亦不會把話說得滿了。若雇主仍找不到合適的人選，她還有我這個後備。就是等到最後，我真的徹底失敗了，她也不會告知我真正的原因。」想到此處，便放棄了致電給張小姐這個想法：「若然失敗，原因可以有很多。就算知道了，也是無濟於事。無論如何，只要自己堅持的『底線』合理，又何必理會為什麼會不行呢？」

剛好打消了找張小姐的念頭，手提電話又再響起，這件電話，並沒有「來電顯示」。

「難道是張小姐？」周偉傑暗想。他素來不喜歡隱藏「來電顯示」這種「藏頭露尾」的行為。而且，他雅不願再聽到張小姐囉囉嗦嗦，心想：「我們之間，還有什麼好商量？難道她真的打算致電過來『壓價』？其實，若雇主真的聘請我，就是我躲到天崖海角，她總會有法子找到我。我又何必再聽這個電話？」便把鈴聲關掉，任由電話繼續震動，卻不接聽。電話再若三十秒左右便掛斷了線，與早前張小姐致電給他的情況，甚為相像。

過了五分鐘左右，手提電話一震，他收到一個電郵，原來果然是張小姐傳來的：

偉傑：

關於新工作之審批

很久沒有與你交談了。請問你對這個工作機會還有沒有興趣？

因為大老闆在放假，要等到本周四才回到公司，我估計，如無意外，大概星期五便會有結果。預祝你成功！

此外，直屬上司想與你通一個電話，你方便跟他交談嗎？謝謝！

張小姐

二零一三年一月二十一日

周偉傑心頭一喜：「原來是大老闆不在，難怪這麼久仍沒有消息了。」又想：「直屬上司想與

收件人 周偉傑　　副本

關於新工作之審批

偉傑：

關於新工作之審批

很久沒有與你交談了。請問你對這個工作機會還有沒有興趣？

因為大老闆在放假，要等到本周四才回到公司，我估計，如無意外，大概星期五便會有結果。預祝你成功！

此外，直屬上司想與你通一個電話，你方便跟他交談嗎？謝謝！

張小姐

二零一三年一月二十一日

送出

我再通電話，亦即表示他有誠意聘請我。此刻距離農曆新年只有三個星期左右，他不大可能還想逼我上班。嗯，他或許想打算在上班前，做好溝通，讓我更容易適應新崗位罷？」精神為之一振。回想起來，由一月四日的「最終面試」至今，已過了十八天。這些日子以來，並不易過，尤其當初幾天的時間，可謂渡日如年，十分難捱。如今得到張小姐的「佳音」，才真正的抒了一口氣。

他得知直屬上司的要求，不禁想：「唉！一般來說，在簽約的一刻，至『試用期』完結之前，雇主與雇員之間的關係，都是最好的。由於在『試用期』之內，雇員大概只需七天左右便可辭職。因此，雇主最怕的，就是雇員在『試用期』之內找到另一份新工作，所以大都會擺出禮賢下仕的姿態，絕不會輕易流露出真面目。等到『試用期』過後，雇主才會『變臉』！等到那時，按合約而定，雇員最少需要一至三個月的通知期才能辭職。此外，既然已在一間公司裡工作了幾個月，若要找新工作的話，則要向新雇主解釋為何只工作了這麼短的時間便想離開，情況頓變得複雜起來。在這種情況之下，雇員對雇主的種種惡行，也都只能啞忍了。」他工作經驗還不算多，但對辦公室的「生態環境」已算是十分熟悉，亦明白大家要吃這口飯，便得要做好這臺戲，當然是要及時表現出自己的誠意，當下寫了一封電郵回覆張小姐：

收件人 張小姐 副本

關於新工作之審批

張小姐：

<u>關於新工作之審批</u>

謝謝妳的通知！

我對這份工作十分有興趣。

此外，我亦很想盡快與直屬上司聯絡。請代我告訴他，於這一段時間之內，我都方便以電話交談。能否告訴我，他的電話號碼？請問他什麼時候方便？我希望可以致電給他。謝謝！

周偉傑謹啟

二零一三年一月二十一日

送出

張小姐：

關於新工作之審批

謝謝妳的通知！

我對這份工作十分有興趣。

此外，我亦很想盡快與直屬上司聯絡。請代我告訴他，於這一段時間之內，我都方便以電話交談。能否告訴我，他的電話號碼？請問他什麼時候方便？我希望可以致電給他。謝謝！

周偉傑謹啟

二零一三年一月二十一日

看了幾遍後，於半小時左右把電郵寄出。不料，只再過了五分鐘，便又收到了張小姐的回覆：

偉傑：

關於新工作之審批

得知你對這個機會還有興趣，我感到十分高興。關於與直屬上司聯絡一事，我會給你處理。不用操心。還有幾天便會知道結果，祝大家好運！

張小姐

二零一三年一月二十一日

收件人 周偉傑 副本

關於新工作之審批

偉傑：

關於新工作之審批

得知你對這個機會還有興趣，我感到十分高興。關於與直屬上司聯絡一事，我會給你處理。不用操心。還有幾天便會知道結果，祝大家好運！

張小姐

二零一三年一月二十一日

送出

「這一句『我會給你處理』，到底是什麼意思？與他通個電話，又有什麼事情需要處理？」周偉傑微感奇怪，又想：「可能是直屬上司也很忙。他雖想致電給我，但又沒有言明想何時才找我，所以要處理一下？」但無論如何，既然大事初定，亦不用想那麼多。

「應否告知嘉儀和父母？還是先向華哥交代一聲？」他反覆的想。

他做事向來謹慎，只想：「雖然張小姐說，如無意外，只須等幾天，便會於今個星期五知道結果，但既然有審批程予，尚未作實，難保沒有變卦。此外，就是雇主口頭承諾了，仍可以反口，所以簽合約之前，還不能作準。何況，現在不過是獵頭顧問的一廂情願，雇主可從來沒有說過什麼，又怎能當真？還是等到雇主準備好合約之後，才告訴他們罷。這樣做比較穩妥。」心意已決，便繼續的等候。

如此這般等了數天，直至星期五晚上七時，周偉傑依然收到不張小姐的通知。

他剛下班，約了嘉儀，便坐「地鐵」到銅鑼灣去找她。在擠擁的車廂之內，難得竟有空位，又不見老人家在左右，便坐了下來，手中緊緊的拿著電話，凝望著屏幕，仍在等候張小姐的來電，心裡隱隱覺得不妥：「難道竟不能通過審批？到底發生了什麼事？」

忽然之間，手提電話的鈴聲終於響起。

「偉哥，今晚去不去泰拳館？八時半那一課。」致電話過來的，卻原來是華哥。他們二人相約到泰拳館練習，都甚為隨意，往往等到最後一刻，才作決定。正如今晚，華哥與朋友的約會忽然給取消了，便打電話找周偉傑，看他是否有空。

周偉傑答：「不好意思，今晚約了嘉儀，下星期一罷？」他剛好約了嘉儀看電影，而且，這星期已去了兩次泰拳館。此外，天氣仍冷，整個星期的天色又是陰暗昏沉，教人沒精打采，縱使是慣做運動的他，仍感到疲累，不願再「操勞」，只想休息一下。

「原來如此。也好，下星期一罷。」華哥懶洋洋說。他打了個呵欠，：「還有，那個張小姐有沒有致電給你？好像有一段時間沒有聽你說起那件事了，不知進展如何？」

「這個……」周偉傑見仍未有消息，本不想告知他人。但給華哥一問，也對此事漸漸擔心起來。當下便把與張小姐的對答告訴了他，再問：「不知為什麼，竟再也沒有收到張小姐的消息。明明說應該今天會通知我的，卻忽然消聲匿跡。」

「嗯……或許……應該也可以肯定，雇主已開始再找人。」華哥說。

「也對！」其實周偉傑早已懷疑，只是不願往這方向想而已。他暗想：「是的！張小姐忽然變得客氣了很多。我早已覺得有古怪。」心念一動，說：「難道張小姐又在上下其手？她或許不會向雇主說三道四，但也可以先按雇主的要求與我談好條件。成事後，若雇主仍希望快盡快找到人，便立刻轉介另外一個可以即時上班的應徵者給他們。啊！原來如此，她於今個星期一還傳了一個電郵給我，問我是否仍有興趣，其實是在拖延時間，希望我繼續等，不要找其他工作。在這個『空檔期』之內，轉頭再推介其他應徵者給雇主，讓她及早拿到佣金。若然不成功，仍可回頭再來找我。

這婆娘真的可惡。她說什麼也要把我壓倒。為何她連數星期的時間也等不來，非要立即拿到佣金不可？」

「我不排除這個可能。其實獵頭顧問當然想盡快收到佣金。既然你還有數周才會辭職，在商言商，她當然會盡量多介紹一些應徵者給雇主，以增加自己的成功機會，這是非常合理的。你不能即時上任，數周之內，仍存在變數。只要雇主願意，她一定會繼續推薦更多人給雇主。此外，雇主與張小姐一樣，怕你會改變主意，所以也同意繼續找人。」華哥作出分析。

周偉傑長長的嘆了一口氣，說：「對！既然是雇主的意思，我也沒有什麼辦法可以想了。」

「或許應該這樣說，我們不知道這是否張小姐的部署。甚至乎，雇主也不一定在見張小姐推薦的應徵者。其實雇主也可以把張小姐蒙在鼓裡，去見其他人。又或許，他們仍會把實情告訴張小姐，再叫她想法子把你拖延著。若雇主覺得另外的人選並不合適，便再回頭過來與你簽約。若雇主碰上了一名應徵者，與你的能力相當，能勝任這個職位，人家又可以即時上班，價錢又相宜的話，那當然是把合約給他了。」華哥無奈的說。

周偉傑苦笑：「也對。其實雇主也好，張小姐也罷，都不是好東西。」

「這個自然。雇主不可能只等你一人。其實張小姐始終沒有說出雇主為何那麼急著要人，也沒有讓你與雇主對話。其實亦有可能是因為雇主並不是等不來，而是不願等。『非不能也，不為也』！雇主只是希望應徵者越快上班越好。所以一直要張小姐來逼迫你，但你堅持不答應，他們便轉頭再去逼其他人。其實這些日子以來，我甚至乎覺得，可能雇主本來已有合適的人選，你根本不是他們的正選。只是他們與正選談不合攏，才安排見你。既然浪費了一點時間與原本的人選洽談，延誤了不少時候，再與你討價還價之際，便變得開始沒有耐性了。其實有很多可能性。雇主與獵頭顧問，當然會為自己打算，明明口頭已承諾了，或向你連番暗示，但大家還未簽合約，在這個最後關頭、大家都想盡快成事之際，當然是向你威逼利誘，以贏取自己的最大利益。在簽合約之前，多見幾個應徵者，也是稀鬆平常之極。另一方面，其實應徵者也可以繼續參與其他公司的面試。甚至乎，就是簽了合約，你們仍可以反口，明明應承了雇主，最終卻消失得無形無蹤。」華哥並不是一面倒的站在周偉傑的一方，也說出雇主及獵頭顧問的擔心及考慮。

周偉傑聽到華哥指出自己可能不是正選，亦覺得有理，暗想：「這就是了。在言談之間，直屬上司曾暗示決定請我，更說剛與幾個應徵者談過，仍覺得似乎他們不大適合。我便以此作出估計，認為雇主不會有後備在手。但我怎會想不到，人家於那一刻沒有後備，但不代表他們早前沒有正選！其實可能他們來找我之前，早已有好幾回的招聘，更有正選在手，只是與這名正選在聘用的條款上，仍存有一點分歧，雇主才繼續見其他應徵者。後來，他們發覺我也是合適的人選，便決定與我洽談。張小姐當然是不停的向我施壓，因為我不過是後備，對我開出的條件，自然是苛刻得多。若我不答允，他們仍可轉頭與那名正選再談。」他嘆了一口氣，心想：「或許雇主不想應徵者出爾反爾，才逼迫他們要盡快上班。但我可沒有三心兩意，去找其他工作呢！」商業世界裡爾虞我詐，各人都不講道義，只會為自己作打算，任何人的說話也不足信。他認為這情況甚是惹人討厭。隱隱覺得，自己不過是一個銀行界的小角色；現在所面對的，不過是一個簡單之極的招聘過程。當中與雇主及獵頭顧問的溝通，竟可弄至這般複雜，大家為何不可以坦白一點？

華哥聽他默言不語，笑說：「雖然他們應該正與其他人洽談，但也不一定成事，你未必會輸。而且，在這件事情之上，根本難以定輸贏。若私募基金那兒是『人間地獄』的話，雇主不選你，可算是你走運呢！無論如何，按張小姐所說，將會在今天便有結果，可能雇主剛好才決定了，打算下周才叫張小姐找你。看看他們選你，還是選其他人罷！且多等幾天便會有分曉。」

「也對！」周偉傑答，但直覺卻告訴他，雇主應該不會再回頭找他。

又過了兩個星期左右，轉眼已是二月八日，星期五。這一天，剛好是年廿八，亦是農曆新年假期之前的最後一個工作天。周偉傑的直覺很準，雇主最終也沒有再找他。

這一天，華資銀行讓員工於下午四時半便可下班，還已於早上放發額外花紅。一如以往，梁老闆都會與每一名員工單獨會面，給予花紅的通知書，再閒聊幾句。

於那個單獨會議之上，梁老闆稱讚周偉傑近來工作認真，銷售額達標，表現有明顯的進步；而且，例如在處理「宏達」一事上，亦頗合他的心意，因此，便決定多給他五千元的花紅，一共是六萬五千元，以示獎勵。這間華資銀行，素來實行「平均主義」，並不鼓勵競爭，大部份員工所得的花紅金額，都不會超出本身兩個月的薪金。周偉傑的情況，已算是十分罕有，實教他喜出望外。

當梁老闆稱讚他「近來工作認真」之際，實感到有一點汗顏，暗想：「工作千篇一律，可能是熟練了，但卻談不上認真。近來我還因找新工作而在日常的事務上偶有疏忽，只是老闆不知而已！」聽到老闆說他「有明顯的進步」一說，更感慚愧：「近年來，在工作之上，我著實沒有什麼進步。可能只在『拍馬屁』的功夫上有一點長進。難道專『拍馬屁』，才是王道？」梁老闆亦指出，他雖然年資尚淺，還欠一點火候，但只要他肯繼續努力，或許明年會考慮讓他升職。周偉傑當然是唯唯諾諾，滿臉堆歡的以示感激，但他記得梁老闆早於兩年前開始，已不只一次的說過相類似的話，對這種「空頭支票」，當然從來沒有認真的放在心上。

這一天，一來是派發額外花紅的好日子，二來又可以早點回家，對雇員來說，這種「雙喜臨門」的日子，當然是「無心戀戰」。周偉傑亦只完成了一些非做不可，但又十分無謂的瑣事，便偷偷的在看網上新聞，甚至乎以手提電話上網，或與朋友閒聊。沒多久，已到了下午四時半。

「老闆下班了！」秘書小姐靜悄悄的走過來，向所有企業融資部門的員工報訊。

眾人都忽然變得如小學生一樣，一聽到下課鈴聲響起，即歡天喜地的執拾書包，爭先恐後的衝出班房。周偉傑見不少前輩，明明剛才還是眉頭深鎖，埋頭苦幹，手上的工作，更似是異常艱巨，甚至乎連續幾晚通宵也做不完；但秘書小姐一走來過來「報喜」，他們竟忽然「返老還童」，即時把工作擱下不理，一個個都是滿臉笑容，輕輕鬆鬆的離開。單是這種在辦公室之內「偽裝」及「變臉」之能，周偉傑已是自愧不如。梁老闆所說自己「還欠一點火候」，並不是沒有道理。

回到家裡，他躺在床上，想：「唉！因為這兩個月的花紅，讓我損失了一個於私募基金工作的機會。但這個機會的代價實是太大了。世事難料，我又怎會知道，財務分析員的工作便一定會平步青雲，留在華資銀行裡工作一定沒有前途？而且，我仍可繼續找新工作，將來或許會找到更好的機會也未可知！幸而我沒有答應了張小姐，否則我損失的便不只六萬元了。之前又怎會料到，老闆竟會多給我五千元？」此刻他已算是從困局中真正的走了出來，對自己的選擇絕不感到後悔，反而為自己能夠堅守「底線」而感到慶幸，亦十分感激華哥給他的意見。此外，他更覺得，從這次寶貴的經驗當中，對雇主及獵頭顧問的瞭解更深，見聞更廣，更深切體會到討價還價之時，應該注意的諸般事項，對他將來無論是在找新工作上，或是在處事上，都是有所裨益。這些經驗，只須以一個工作機會來交換，則可謂十分划算。

「擱、擱、擱」傳來幾下敲門聲，原來父母二人想進來。

周偉傑開了門，說：「爸爸、媽媽！」，心想：「差不多吃晚飯了。但通常他們都不會親自進來找我出去，只在廚房裡大喊便是了，不知為什麼竟會一起進來。難道家裡不夠吃？」便問：「是不是有什麼要幫忙？我去買些叉燒或燒肉？或到『洪記』買些『滷水小吃』？」他對廚藝一曉不通，平時也只是吃飯後負責洗碗，現在亦只有提議買「外賣」了。

母親笑說：「不用了。我今天弄了很多道菜，你給我乖乖的多吃一點就是了。」

「嘉儀也會上來吃飯。她應該差不多下班了，讓我找找她。」周偉傑說。

「找救兵麼？」母親笑稱，三人亦忍不住一笑。

「喵！」小貓卡布也跟隨二人進來，在三人的腳邊走來走去，抬起頭來，又是「喵」的一聲，如小孩子一樣，似乎想大人與牠一起玩耍，樣子甚是可愛。原來這個星期以來，周偉傑見卡布逐漸長大，似乎已不用再困於寵物籠裡，便把籠子拆掉，再裝好窗紗，讓牠在屋子裡任意行走。

「偉傑，現在是年廿八了。我與你媽媽商量過，這個還是早一點給你罷！」拿出一個紅封包，遞了給他。

周偉傑微覺奇怪，暗想：「我年初一也在家，為何要現在給我？」接過紅封包，隱隱覺得有點不對勁。

父親笑說：「你年紀也不少了。你與嘉儀也應該差不多成家立室了。紅封包內是一張支票，有一點錢，是爸爸媽媽給你用來買房子，作為首期之用的。」

「不！怎可以這樣？」周偉傑連忙說，欲把紅封包還給父母。

父母二人即縮起雙手。母親說：「你不用擔心。我們不是逼你結婚。只是你和嘉儀的年紀也不少了，也應該有這個打算。你先把錢收下。若你認為時機成熟的話，再用不遲。」

周偉傑十分感動，但他覺得父母辛勞了大半世，才有一點積蓄，自己實不該拿去。

他反覆的想了好幾遍，暗想：「一直以來，我這麼想轉換工作，就是因為可以薪酬高一點，可以盡快置業結婚。但其實際遇是很難說的。現時樓市太貴，局勢不明朗，我現在未能置業，也未必是一件壞事。而且，結婚也不一定要買房子。我總不能為了要嘉儀嫁得有體面，便花光了兩老的積蓄。不是我不愛嘉儀，而是這實在不應該。況且，嘉儀又不介意。」心中已打定主意，但又不知怎樣拒絕二人的好意，忽然間心中一亮，想到華哥曾指點的「有條件的答允」，便說：「倒不如這樣子，這筆錢，你們先給我保管住。等到我與嘉儀決定結婚之後，再談不遲。而且，家裡有一點地方，若你們不嫌棄，嘉儀也可以搬進來一起住，不一定要買房子。」他這樣說，已漸漸能將華哥教他的道理活學活用，做到凡事留有餘地。原來這些簡單的道理，不只在商場裡管用，在日常生活上也是大派用場。

父親歡喜萬分，笑說：「當然不會嫌棄，父母子女之間，又怎會這樣見外的？家裡不是沒有地方，嘉儀不介意的話，我們又怎會不歡迎？」兩老雖是讀書不多，但早年做過一點小生意，很久以前，便已購下這個八百餘平方呎的單位，絕對容得下嘉儀，居住環境並不差，在香港寸金呎土的情況下，已算是十分難得。

「嘻嘻！卡布先來了。沒想到嘉儀也會來住呢！你放心罷！媽媽對很多事情也不怎麼介懷，凡事也有商量的餘地。嘉儀的性格又是十分溫純，我們總不會有婆媳糾紛罷？」母親微開眼笑的說。其實母親一直都不希望兒子在成家立室後搬走，聽到他這樣說，實感到十分高興。

三人在談笑間，卡布仍蹲在他們的腳邊，又是「喵」的一聲，叫得甚是響亮，倒不知是肚子餓，還是嚷著要他們陪自已玩耍了。

晚飯過後，周偉傑便送嘉儀回家。回家之前，嘉儀想到海旁散步，二人便走臨近海邊的「和富公園」裡。這時候，公園之內，已有不少附近的住客下來散步。公園之外，便是「東區走廊」，或許是長假期臨近的關係，車輛不算多，寒夜裡，亦算寧靜。他們走到近海邊的一個角落，見左右無人，便停了下來，相擁在一起。

過了一會兒，嘉儀忽然問：「你為了那兩個月的額外花紅而放棄一個工作機會，你後不後悔？」

「不後悔。想得清清楚楚！」周偉傑雙眼炯炯有神，堅定的說，

嘉儀笑說：「這就是了。其實這個機會不行，還會有下一個。只要盡了力就可以啦！而且，世事變化無常，往往出人意表。華哥估計的可能有理，但實情亦有可能是超出我們想像的。例如，張小姐並不是存心要逼迫你，只是她在『漁翁撒網』，之前根本沒有認真看過你的資料，也從來沒有聽清楚你的要求。甚至乎。她起初不過是想讓你『陪跑』，又怎會料到你『越戰越勇』？等到雇主決定請你之際，才發覺原來雙方竟談不合攏，存在的分歧太大。那時候，她想做成這宗生意，難道會替你向雇主求情嗎?當然不會。無辦法之下，就只有逼迫你了。」

「哈哈！這就是了。一個專業的獵頭顧問，當然不會犯下這種錯誤。但半新不舊的她，一時疏大意也不奇怪。」周偉傑輕鬆的說。他此刻對張小姐已無憎厭之情，雖始終不明白雇主為何連數個星期也不願等，但對箇中因由，已再不感到好奇。反而隱隱覺得，若非給她這樣的一逼，又怎會讓

自己體會到這麼多呢？縱使她存心行奸使惡，對自己來說，也算是一種「助緣」。
嘉儀又說：「此外，也有可能是雇主不知何故，竟忽然把招聘的計劃擱下了，所以才沒有消息。可能是大老闆放假罷？也可能忽然有別的事情要忙。雖然他們現在沒有再找你，但在新年過後，雇主可能又再聯絡你也說不定呢！」
周偉傑笑說：「嘻嘻！我可沒功夫應酬那個張小姐呢！當然，我不會不理她，因為我不會『跟錢對著幹』的。無論如何，在假期後，我會再嘗試繼續找工作。正如妳所說，這一個機會不行，還會有下一個。保持著這份平常心就是了。」
「也對！」嘉儀說，把頭伏在周偉傑的懷內。
「嘉儀，我有一個問題，其實這麼多年以來，一直想問妳。」周偉傑忽然認真的說。
嘉儀輕輕的問：「什麼？」
「為何妳這麼喜歡的到海旁散步？其實黑夜裡，除了一點燈光之外，什麼也看不清楚。尤其在冬天裡，妳好像特別喜歡看海似的。可是，妳不覺得嗎？陣陣的寒風吹來，可真的不大好受。何不在白天裡、陽光普照的時候才去？藍天碧海，不是更好看嗎？」原來周偉傑一本正經的，不過是說了一個十分無聊的問題，志在逗她一笑。
嘉儀格格而笑，說：「我其實也不是這麼喜歡看海。只是寒風襲體一刻，便感受到你的溫暖了。」

「我本來也感到溫暖的，但聽妳竟說出這樣肉麻的說話，忽然感到陰風陣陣，寒氣逼人，非運功抵禦不可。」周偉傑說，只覺有趣，自己也忍不住大笑起來。嘉儀輕輕打了周偉傑的胸膛一下，亦陪著他一同大笑。

這一年的年初一是星期日，有一天的補假，等到年初五才要上班。但初五恰巧是「情人節」，周偉傑與嘉儀便請了一天有薪假期，更已計劃好一整天的節目：逛街、看電影和吃晚飯，當然都是所有情侶拍拖的「指定動作」。

二月十四日，星期四早上十時，手提電話響起，周偉傑剛好要出門，想來必是嘉儀致電給他，但拿出來一看，電話屏幕之內，竟沒有「來電顯示」！

（全書完）

附録

附錄1、時間表

某年1月						
日	一	二	三	四	五	六
		1	2	3	4 故事開始「最終面試」	5
6	7	8 張小姐給予的第一個限期	9	10 張小姐給予的第二個限期	11	12
13	14	15	16	17	18	19
20	21	22	23	24	25 張小姐認為雇主將於這天答覆	26
27	28	29	30	31		
某年2月						
日	一	二	三	四	五	六
					1	2
3	4	5	6	7	8 年廿八 額外花紅派發日	9 除夕
10 年初一	11 年初二	12 年初三	13 年初四	14 年初五（情人節）故事終結	15	16
17	18	19	20	21	22	23
24	25	26	27	28		

於一月四日，獵頭顧問張小姐稱，雇主希望他於兩至四個星期之內上班。但周偉傑於五個星期後，即二月八日，便獲發兩個月的花紅。兩者只相差一個星期左右。

後來，張小姐改稱，雇主其實是希望越快越好，要周偉傑在一個星期左右盡快上班。

附錄2、周偉傑於華資銀行的薪酬紀錄

	月薪	額外花紅
1月	HKD30,000	
2月	HKD30,000	HKD60,000（兩個月薪金）
3月	HKD30,000	
4月	HKD30,000	
5月	HKD30,000	HKD45,000（一個半月薪金）
6月	HKD30,000	
7月	HKD30,000	
8月	HKD30,000	
9月	HKD30,000	
10月	HKD30,000	
11月	HKD30,000	HKD45,000（一個半月薪金）
12月	HKD30,000	
合計	HKD360,000	HKD150,000
年薪總數（月薪及額外花紅）	HKD510,000	
平均月薪（月薪及額外花紅）	HKD42,500	

這間華資銀行，採取了「低月薪、高花紅」的制度，為了讓雇員不會在收到花紅後集體辭職，更把花紅分為三個月派發。

於二月的派發的額外花紅，亦可算是農曆新年前派發的年終花紅。每年農曆新年的日子不同，派發之日期便會有變。現今很多公司的年終花紅，都會在十二月底左右派發。一些公司則以財政年度為依歸，於三、四月派發。但仍有一些作風較傳統的公司，仍在農曆新年前派發花紅。

雇主仍有酌情權處理額外花紅的事宜，但這間華資銀行的作風較保守，每年的花紅都十分穩定。

於銀行或金融界，花紅於薪酬的比重相對較重。除了前線員工之外，其他部門的雇員一樣會有額外花紅，與傳統以來，華人世界裡，一般公司向雇員派發的「年終雙糧」相似。

雇主按公司的盈利、前景、預算及員工之表現作為派發花紅的參考指標。金融海嘯之後，金融界從業員被指責，為了獲得花紅而損害了企業，甚至乎是整體社會之利益。部份金融機構，取消了給予企業高級管理層之巨額花紅，但對一般金融從業員的花紅，則予保留。畢竟，傳統以來，一般金融業的雇員之花紅，為數雖比一般企業略高，但亦非不合理，實為正常薪酬之一部份。

部份金融機構，已把額外花紅制度取消，將雇員原有的花紅，直接化為月薪。新聘用的雇員，則不會再獲發花紅。

但亦有為數不少的金融機構，依舊保留了這個花紅制度。

附錄3、周偉傑於談判技考課堂上所學到的談判表

	己方：應徵者			對方：雇主（估計）		
談判事項	重要性	考慮範圍	內容或數值	重要性	考慮範圍	內容或數值
月薪	3	可觀	HKD48,000	2	可觀	HKD37,500
		合理	HKD44,000		合理	HKD44,000
		不接受	HKD43,000		不接受	HKD50,000
花紅	4	可觀	4個月	據獵頭顧問所說，雇主的額外花紅，平均為一個半月至兩個月左右。因公司有酌情權處理花紅，箇不在考慮之列		
		合理	2個月			
		不接受	1個月			
何時上班	1	可觀	農曆新年假期後一個月	1	可觀	立刻
		合理	農曆新年假期後一星期		合理	兩至四個星期之內
		不接受	農曆新年前		不接受	四個星期後
通知金的補償	2	可觀	雇主負責，沒有附帶條件	4	可觀	應徵者負責
		合理	雇主負責，附帶條件為工作需滿一年		合理	雇主負責，附帶條件為工作需滿一年
		不接受	自己負責		不接受	雇主負責，沒有附帶條件
職級	5	可觀	高級經理	3	可觀	普通員工
		合理	經理		合理	經理
		不接受	普通員工		不接受	高級經理

重要性：　1=最重要；　5=不重要

這談判表僅供參考，尤其雇主的一方，應徵者只能從獵頭顧問所說，而作出估計。在談判時，亦應按對方之意見而作出調整及預算。

附錄4、周偉傑的薪酬調整之建議

假設新雇主的花紅為一個半月

	華資銀行（現在）		新雇主	
		合計		合計
月薪	HKD30,000	HKD360,000	HKD44,000	HKD528,000
額外花紅	5個月	HKD150,000	2個月	HKD88,000
年薪	HKD510,000		HKD616,000	
平均月薪	HKD42,500		HKD51,333	
月薪升幅	+46.6%			
年薪升幅	+20.8%			

據獵頭顧問張小姐聲稱，新雇主約有2個月的額外花紅，周偉傑以此作為跟據，若要求年薪升幅為+20%，月薪為HKD44,000，約為+47%。

後來，張小姐更正，花紅只有約1.5至2個月，周偉傑認為，經濟不景氣之情況下，應以1.5個月為參考，以HKD44,000月薪來計算，年薪升幅僅16%。請參考以下的計算：

	華資銀行（現在）		新雇主	
		合計		合計
月薪	HKD30,000	HKD360,000	HKD44,000	HKD528,000
額外花紅	5個月	HKD150,000	1.5個月	HKD66,000
年薪	HKD510,000		HKD594,000	
平均月薪	HKD42,500		HKD49,500	
月薪升幅	+46.6%			
年薪升幅	+16.5%			

附錄5、張小姐的薪酬建議方案

方案一

	華資銀行（現在）		新雇主	
		合計		合計
月薪	HKD30,000	HKD360,000	HKD44,000	HKD528,000
額外花紅	5個月	HKD150,000	2個月	HKD88,000
年薪	HKD510,000		HKD616,000	
平均月薪	HKD42,500		HKD51,333	
花紅損失	HKD60,000（扣減）			
首年收入	HKD616,000 - HKD60,000 = HKD556,000			
首年薪金升幅	HKD46,000			

據獵頭顧問稱，新雇主的花紅約有兩個月，但平均數為一個半月至兩個月。若以一個半月計算，年薪為HKD594,000。請參考附錄4

方案二

	華資銀行（現在）		新雇主	
		合計		合計
月薪	HKD30,000	HKD360,000	HKD37,500	HKD450,000
額外花紅	5個月	HKD150,000	2個月	HKD75,000
年薪	HKD510,000		HKD525,000	
平均月薪	HKD42,500		HKD43,750	
花紅損失	N/A			
首年收入	HKD525,000			
首年薪金升幅	HKD15,000			

若以一個半月計算，新雇主給予周偉傑年薪僅為HKD506,250，相比原來的還要低。

附錄6、與張小姐的電郵溝通紀錄

	某年	周偉傑之電郵紀錄	張小姐之電郵紀錄
周五	1月4日	17:00	
周六	1月5日		
周日	1月6日	00:30	
周一	1月7日	12:30	
			13:00
		14:30	
			14:40
		18:30	
			20:15
		23:00	
周二	1月8日		10:15
		14:30	
周三	1月9日	00:00	
			20:00

於某年1月9日晚，獵頭顧問於電郵之內，指責周偉傑不肯接聽電話，延誤了商討的進度。周偉傑雖未能及時接聽張小姐的電話，但保持以電郵聯絡，並儲存了相關的紀錄，以供張小姐本人及雇主參考。

附錄7、周偉傑、張小姐與雇主的考慮

獵頭顧問聲稱，雇主堅持要周偉傑立刻上班，並替他賠償華資銀行之「通知金」。若周偉傑同意的話，以下為三方的利弊之考慮：

	周偉傑 (應徵者)	張小姐 (獵頭顧問)	歐洲私募基金 (雇主)
好處 / 利益	即時轉換行業，立刻上班 月薪: HKD44,000 (+46.6%) 年薪: HKD616,000 (+20.8%)	雇員於一年內不能離職，亦即可確保獵頭顧問於雇員的「試用期」後，一定能收到佣金 獵頭公司可獲得約 HKD132,000 的佣金	確保員工於一年之內不會離職 盡快填補空缺
壞處/ 成本或損失	損失花紅: HKD60,000 1 年內不能轉職，否則須賠償 HKD60,000「通知金」予雇主	沒有	須替雇員賠償「通知金」: HKD60,000

後記

這個故事十分簡單，但卻是改編自真人真事。

為了這部小說，作者曾與不少同屬金融界的長輩及朋友討論，吸取他們的經驗及寶貴意見，亦從不同渠道搜集了相關的資料，甚至乎曾向一位已退下火線的獵頭顧問取經，瞭解這個行業之百態，務求把整個金融行業的最真實之一面，展現給讀者觀看。

這部小說只圍繞著主角周偉傑、獵頭顧問張小姐、華哥、嘉儀、梁老闆及何先生等寥寥幾人；情節亦是以主角完成「最終面試」的一刻作為故事之開端，集中描寫的，是與獵頭顧問議價的整個過程。

曾看過不少教導面試的書藉，也曾閱讀過一些以面試為題材的小說，但內容大都是集中在面試之過程，鮮有提及與獵頭顧問討價還價的情況。我常常覺得，面試的過程雖然不容忽視，當中亦有很多重要的事項及相關的技考，但完成面試後，與獵頭顧問「交手」一刻，才是整個招聘過程當中，最為精采的部份。獵頭顧問作為雇主的經紀，以佣金為生，為了完成交易，當然是各出奇謀妙計，為雇主及自己爭取到最大的利益。獵頭顧問的手段層出不窮，而且，每一個行業之內，也會有一些「壞份子」，為了做生意而不擇手段，謊話連篇，莫說是一些初出茅廬的後輩小子，縱然是一些經驗老到的前輩，若轉換工作的次數不多，也很容易會著了他們的道兒。曾與不少行內的朋友談及與獵頭顧問「交手」之過程，只覺不少真人真事，實比小說還要更為峰迴路轉。有見及此，便萌生起以此為小說題材的念頭。

當然，其實每一個行業都會有好人，有壞人。主角是一個應徵者，受到獵頭顧問張小姐的逼迫，當然會對整個行業也會有偏見。這部小說並非旨在諷刺獵頭顧問，而是透過這一個故事，企圖帶出一個訊息：作為一個經紀，在社會上的功能是什麼？他們又應該怎樣做，才會對社會有貢獻？正如故事裡的華哥所言，經紀的功能，主要是為了減省交易的成本。由於買賣雙方的「資訊不對稱」，往往需要有一個中介人作為溝通的橋樑，讓資訊有效率的傳遞，加強彼此的信任，增加交易的效益及減省當中因「資訊不對稱」而產生的成本。

可是，不少經紀，由於掌握了雙方的資訊，或會為了自身的好處而上下其手，最終損害買賣雙方的利益。其實除了獵頭顧問之外，股票經紀、樓宇買賣經紀及代理商，都同樣面對相同的「道德風險」之問題。此外，差不多我們每個人，也會在不經不覺之間，充當了經紀的角色。例如，我們替公司辦事或洽談生意，在那一刻，我們已代表了公司，成為公司的經紀，亦面對相同的「道德風險」。我們很容易會因自身的位置或職能，得到不少便利，或受到很多不同的引誘，最終可能會為了自己的利益而作出損害公司或交易對手之事。所以這個「商業道德」的問題，並非只關乎各行業的經紀。其實，也關乎社會裡的每一個人，這是我們時刻都需要反思及注意的。

此外，在討價還價的過程裡，亦有不少人與主角周偉傑一樣，常常拿不定主意，進退失據，給對手逼迫。或許學會一點談判的基本概念及技考，可讓這些人有一點得著，但無論如何，當中最重要的，是要明白自己的「底線」及自身擁有的條件。很多時候，我們在開始議價之時，還沒有想清楚自己的底線，也不明白對方的考慮。甚至乎，連整個交易之目的，雙方所能夠得到的好處及成本等等，也是一無所知。若自己連「底線」也沒有想清楚，對方一定會老實不客氣的向你「開刀」，在談判桌上，當然是少勝多敗。

想清楚自己的「底線」是第一步。繼而，就是要清楚知道自己的價值。

不少工作經驗不多的後輩，在議價時，並不清楚自己的價值，對市場的動向一無所知，不是「叫價」太高，就是太過謙卑，結果都是給雇主或獵頭顧問咄咄相逼。對「叫價」太高的朋友來說，只要多做一點功課，瞭解一下市場的價格便行。但關於「太過謙卑」的後輩，問題則可能會較複雜。我常常覺得，這可能是由於受了中國文化的影響所至。

其實，整個招聘過程，雇主和雇員各有所求，各取所需，可謂互惠互利。雇主需要人手，雇員需要金錢，雙方的關係都是平等的。可是，一直以來，我們都是說「求職」。似乎雇主高高在上，一份工作，是需要雇員去「求」雇主的，應徵者於面試之時，已在心理上矮了一截。可謂「未見官先打八十大板」。似乎在中國文化之下，雇員都需要向強權屈服，只能服從雇主的指令。

這關乎文化及心理上的事情十分複雜，並非一朝一夕可解。就如主角周偉傑一樣，與張小姐交談之際，每每都是較為被動，連自己的底線也沒有想得透徹，便急著要回應對方。在氣勢上，已輸了給人家。可是，其實中國文化博大精深，中國人自來也是十分靈活的，亦似乎從來沒有任何古藉，要我們一定要服從權威。例如《三國演義》之中，關羽投降的情節，便很有啟發性。當時，關羽明明處於劣勢，被逼投降，但還能拋出三個投降的條件：一、降漢不降曹；二、贍養劉備兩個夫人；三、一旦知道劉備的消息亦要投奔。這個小說情節，當然是作者羅貫中在「關二哥」的臉上貼金，但亦可從側面之中，瞭解到中國文化活潑的一面。

投降尚且可以「講條件」，為什麼求職反而不能？

寒柏

二零一五年七月

hongpark323@yahoo.com.hk